仏教論争

——「縁起」から本質を問う

宮崎哲弥
Miyazaki Tetsuya

ちくま新書

1326

仏教論争——「縁起」から本質を問う【目次】

存／六処とは何か／五蘊とは何か／名色＝客観、識＝主体／無明はなぜ要請されたのか／輪廻という擬似論点／木村仏教学の「近代性」／赤沼智善の「伝統説」／和辻哲郎は輪廻説を否定していない／木村泰賢の「輪廻説ならざる輪廻説」／和辻が斥けたもの／木村の「無我」観／似通う木村と宇井の縁起観／忘れられた十二支縁起の初発／十二支縁起の四つの説かれ方／「法」と「法の法」／往観と還観の異同／木村による論争整理／十二支の「大部分は同時的依存関係」／宇井の全面的相依説／宇井の縁起観は「中国華厳哲学」的

第三章　真の対立点へ――第一次縁起論争の解剖(下)　131

宇井の木村説批判／論じ返す木村泰賢／「本能」と「実覚」／木村の「心理的過程」論／和辻による宇井批判／無明、無知、自然的立場／和辻の「二層の法」／「限定する」の意味／凡夫の我、凡夫の苦／テーラワーダ仏教の無明観／木村説の特異性／和辻説の難点／実存苦への木村の危機感／無知と根本煩悩／論争から撤退した伝統継述者／赤沼の「二種縁起説」

今度、その問題が提起されたら、次はきっと答えられる。

『コッポラの胡蝶の夢』より

例言

一、初出の日本人名に肩書やプロフィール、業績の紹介が付されておらず、かつ肩書等が要らぬほど周知の人物でもない場合は、原則として仏教学者であることを示す。

二、本書で扱う経典は主に初期経典（パーリ経典、ニカーヤ）である。初期経典は以下の五部によって構成されている。

（1）長編の三四の経典を集成したディーガ・ニカーヤ（長部《ちょうぶ》経典）
（2）中編の一五二経を集成したマッジマ・ニカーヤ（中部《ちゅうぶ》経典）
（3）比較的短い二八七五経を主題別に集成したサンユッタ・ニカーヤ（相応部《そうおうぶ》経典）
（4）二一九八の短編の経典を、そこに記されている教えの数（法数《ほっすう》）ごとに集成したアングッタラ・ニカーヤ（増支部《ぞうしぶ》経典）
（5）上記四部に振り分けることのできなかった一五経（「スッタニパータ」「ダンマパダ」「テーラガーター」「テーリーガーター」などを含む）を集めたクッダカ・ニカーヤ（小部《しょうぶ》経典）

これらの経典は部分的に「阿含《あごん》経」として漢訳されているが、本書では原則、パーリ語原典からの訳文を使用する。

また、初期経典の成立時期の新古については中谷英明による言語科学的推定に準拠する。この「中谷推定」に関しては本文で解説する。

第一章

縁起という迷宮

†仏教の始点

縁起とは何だろうか。

日本語では一口に「エンギ」といえてしまうが、もとのサンスクリットではプラティーティヤ・サムトパーダという。声にしてみるとエンギとは異なり、複雑な語感が口中に残る。もう一つの原語、パーリ語ではパティッチャ・サムッパーダ。これもかなり複雑に響く。

なお、インド直伝の仏教の経典は主にパーリ語とサンスクリットで書かれている。大別してニカーヤ、アーガマなどと呼ばれる原始経典、初期仏典はパーリ語で、大乗仏典はサンスクリットで記されていることが多い（以下、初出のカタカナ表記のサンスクリットの末尾には／sを、同じくパーリ語の末尾には／pを、共通している場合には／s／pを付す。従って、プラティーティヤ・サムトパーダ／s、パティッチャ・サムッパーダ／pとなる）。

もともとの語感が複雑なのは当然で、原語は複合語であり、サンスクリットを例に取ると、プラティーティヤとサムトパーダの二要素が合わさって成るとされる。プラティーティヤは「依存して」あるいは「縁によって」、サムトパーダは「生起すること」あるいは「生起するもの」の意である。従って、縁起本来の語義は「縁によって生起すること」または「縁《よ》って生起すること」、もしくは「依存して生起するもの」といったところだ。

そういわれても、仏教ないしは仏教学に慣れ親しんだ人でなければ、これが何を指し示し、何を意味しているか皆目わからない、というのが率直な感想だろう。まして、これこそが仏教の教理の中核だ、などと説かれてもまるでピンと来ないに違いない。

「縁によって生起する」または「縁《よ》って生起する」とは、何によって何が生じることなのか。「依存して生起するもの」というが、何に依存して何が生じるというのか。いや、それ以前に、何かの縁によって生じる、何かに依存して発生するということがあるとして、これが思想的に、宗教的にどんな意味を持つのか。私達の生のあり様にいかに関わってくるのか。

しかも、どうしてかかる単純極まりない(ように一見みえる)法則の発見が、二五〇〇年もの歴史を誇る仏教の始点に当たるといえるのだろうか。

縁起説は、仏教の外部から、例えば比較思想的な観点から、次のように評価されることもある。

「仏教でいう法(dharma)は自然界においても人間界においても現実に妥当する構成のことであり、実体ではなく現象である。すなわち刹那で無常な感性的所与である。仏教は素朴な実在論に対する批判という点で長足の進歩をとげるが、まさにこの点に仏教の哲学的独創性がある。仏教でいう《縁起》説はインド思想を一挙に革新的一八世紀ヨーロッパ思想と同水準にしてしまう。仏教の観念論はそもそもの出発点が《ヒューム》の段階にあるのだから、バークリの段階以前ではなく以後の段階にある」（ポール・マッソン＝ウルセル『ヨーガ』白水社。文庫クセジュ）

著者、マッソン＝ウルセルはフランスを代表する東洋学者だ。ここではバラモン教、ウパニシャッド哲学、ヒンドゥー教の実体論を否定して興起した仏教の縁起説が、近代西洋哲学史における革新に準《なぞら》えられている。デイヴィッド・ヒュームらの現象主義によるデカルトの実在説批判がそれだ。この引文には〝仏教は縁起説の定立において、近代哲学より二〇〇〇年以上も先んじている〟という趣意が込められている。だが、かかる類比は正当なのだろうか。

次は小説から例を引いてみよう。阿弥陀聖《あみだひじり》、空也の生涯を虚実を織り交ぜて描いた『捨てこそ 空也』に、常葉丸と名乗っていた若き日の空也が、尾張の願興寺の僧坊に同宿した、年長の住僧に縁起の理《ことわり》を学ぶ場面が出てくる。住僧は縁起をこう説く。

「あらゆるものは、因縁によって生ずる。他に依存し、その縁によって起こることをいうので、縁起ともいうが、あらゆる存在やものごとは、それ自身から、また他者から、また自身と他者の双方から、また因無くして生じたものとして、存在することはない。いかなる時にも、いかなる場所にも存在しない。それが空というものなのだ」
「空《くう》というとすぐに、何もないとか、虚無ととらえるが、それは間違った考え方なのだよ。空とは、永久に変化しない固有の実体などというものはないということなのだ。すべてのものは、それが物であれ、人間であれ、現象であれ、因と縁が関係しあうことで、たえず変化する。生じ、とどまり、変化し、滅する。生《しょう》・住《じゅう》・異《い》・滅《めつ》といって、極端にいえば、一瞬ごとに変化している。それを縁起といおうが、因縁といおうが、因果といおうが、皆おなじことだ」（梓澤要『捨ててこそ　空也』新潮文庫）

これは縁起と空とを不可分のものとみる大乗仏教の縁起観の、簡にして要を得た解説である。少なくとも「八宗の祖」と目される、ナーガールジュナ（龍樹）以降の大乗仏教がこのように縁起を捉えてきたことは間違いない。だが、この縁起説は縁起一般の定義として妥当なのだろうか。また、この縁起観を初期仏教にまで遡って見出すことが可能なのだろうか。

ことほど左様に、縁起は現代においても様々に語られるが、これが古《いにしえ》より仏教徒によって重宝されてきたことだけは疑い得ない。

†普遍性の強調——初期仏教の縁起観

初期経典には「縁起をみる者は法をみる。法をみる者は縁起をみる」というブッダの言葉が記されている（「象跡喩大経《ぞうしゃくゆだいきょう》」マッジマ・ニカーヤ所収）。あるいは別の初期仏典、相応《そうおう》部《ぶ》（サンユッタ・ニカーヤ）の「縁」という経ではこうもいわれている。

「比丘たちよ、縁起とは何であろうか。比丘たちよ、生によって老・死がある。如来が出現しようとも、如来が出現せずとも、このことは確立したことである。つまり、法として確立したことであり、法として決定したことであり、〔これが〕これを縁とすることである。そのことを如来は悟られ理解されているのである。悟り理解されてから、説示し、教示し、詳説し、開示し、区分し、明らかにして、〈お前たちも、〔これを〕見よ〉という」（並川孝儀《たかよし》『構築された仏教思想／ゴータマ・ブッダ』佼成出版社）

この経文では、縁起はダンマ／p、つまり法そのものであると断定されている。如来（仏）が世に出ようが出まいが、あたかも自然法則のように自己と世界とを貫く普遍的な法、原理であると説かれている。

＊ちなみに上記訳文中の、「〔これが〕これを縁とすること」とあえて逐語的に訳されている箇所は、通常「此縁《しえんし》性《よう》」という一語で表される。「此縁性」の原語はイダッパッチャヤター／p（イダムプラティヤヤター／s）であ

る。直訳では確かに「これを縁とすること」の意だが、このままでは要領を得ない。「此縁性」の意味するところは「これがあるとき、それはある。これが生じるから、それが生じる」のセットフレーズによって端的に表される。この定型句については後に詳しく説義する。

パーリ経典の単独翻訳者による全訳を試みている片山一良《いちろう》は伝承された註釈書、復註書に基づき、イダッパッチャヤターの末尾の「ター」を集まり、集合と解して、「この縁の集まり」と訳出している（片山訳『パーリ仏典第三期3／相応部（サンユッタニカーヤ）因縁篇I』大蔵出版）。しかし、入手し易い増谷文雄の『阿含経典1』（ちくま学芸文庫）では、これを「相依性《そうえしょう》」と訳している。近代仏教学の泰斗、宇井伯寿に由来する、この古い訳語が混乱を引き起こしたことは後述。なお本書では「此縁性」を採用する。

†梵天勧請の縁起観

上引の経文が縁起の普遍性、恒常性を強調しているのに対し、梵天勧請の説話においては特殊性や無常性が唱えられている。凡夫には理解し得ない道理として縁起が挙げられているのだ。原始仏教の大家、増谷文雄の訳でみてみよう。

「わたしが証《さと》りえたこの法は、はなはだ深くして、見がたく、悟りがたい。寂静・微妙にして思惟の領域を超え、すぐれたる智者のみのよく覚知しうるところである。しかるに、この世間の人々は、ただ欲望をたのしみ、欲望をよろこび、欲望に躍るばかりである。欲望をたのしみ、欲望をよろこび、欲望に躍る人々には、この理《ことわり》はとうてい見がたい。この理とは、すべては相依性にして、縁（条件）ありて起るということであり、また、それに反して、すべての計らいをやめ、すべての所依を捨てされば、渇愛つき、貪りを離れ、滅し尽して、涅槃にいたるということである」（「聖なる求め　その二」増谷文雄編訳『阿含経典3』ちくま学芸文庫）

その「理」が縁起なのである。増谷訳では「すべては相依性にして、縁（条件）ありて起るということ」となっているが、この「相依性」は、いま述べたようにイダッパッチャヤターを原語とするから「此縁性」の方が適切だ。また文中の「縁（条件）ありて起るということ」の原語はパティッチャ・サムッパーダだから「縁起」でもよい。従って「これを縁とすること、即ち縁起」と訳すのが適当だ。つまりこの経で、縁起はブッダが証得した当体に他ならぬといわれているのだ。そして「思惟の領域」を超えた縁起説は「世間の人々」には到底理解できない。縁起は普遍的に妥当するものではない、万人に通用する原理でもないと明言されている。それは常に危機的であり、損なわれる可能性のある「真理」なのだ。それ故、梵天の懇請にも拘《かか》わらず、ブッダはそれを教えとして公宣流布することを躊躇した（宮崎、佐々木閑『ごまかさない仏教』新潮選書）。

†「縁起法頌」への信仰

さらに縁起がいかに仏教世界で尊重されてきたか、を端的に表す例としてよく挙げられるのが「縁起法頌《えんぎほうじゅ》」だ。縁起という概念そのものが信仰の対象にすらなっている。

パーリ語「律蔵」の「大品《だいぼん》」（マハーヴァッガ）冒頭に仏伝が収められた部分がある。最古の仏伝として知られているが、そこで最初期の仏弟子である五比丘《びく》の一人、アッサジが次のような偈頌《げじゅ》（詩のかたちの教え）を唱えている。

「諸法は原因から生じる。如来はそれらの原因を説く。また、それらの消滅をも。偉大なる沙門はこのように説く」

この偈頌を「縁起法頌」と呼ぶ。「偉大なる沙門」とはもちろんブッダのことである。非常にシンプルな因縁を説くこの詩偈を耳にしたことが、後に主導的な仏弟子として活躍するサーリプッタ（舎利弗《しゃりほつ》）とモッガッラーナ（目連《もくれん》）がブッダに帰依する契機となったと「大品」は伝える。

「縁起法頌」は「法身偈《ほっしんげ》」とも呼ばれ、この教えの言葉がブッダの法の仮現（法身）、あるいは遺された法の骨髄（法舎利《ほうしゃり》）と看做《みな》され、進んでブッダそのものの象徴として信仰の対象となる。東南アジアにおいては仏塔にこの偈頌を銘刻した石版や泥製の板が納められた。また如来像や菩薩像の台座に記されたりもした。

真理（法）をいい表す概念が崇拝の対象となり、さらに進んで超自然的な力を帯びた言葉として、加持や病気治癒などの祈禱に唱えられたわけだ。

高度な教理としても、摩訶不思議な霊験を求めるような素朴な信心の場面においても、縁起が〝ブッダの説いた真理〟として扱われてきたことがわかる。

†果てなき探問

ところが実は、先のごとき疑問、「何の縁によって何が生じるのか」や「その『法』にはいかなる意義があるのか」に対し、仏教は端的な答えを持ち合わせていない。仏教内部の宗派や学派ごとに定説のごときものはあっても、仏教全体として、「これが縁起だ」という確答を差し出せるわけではない。驚くべきことに、縁起という中核的概念は、仏教内部において決してウェル・ディファインド〝well-defined〟なものではないのだ。

むしろ逆に、その答えをみつけるべく探問し続けることで、仏教の思想史は形成された、といい得るかもしれない。「縁起とは何か」をめぐって交わされた論争が仏教教理の歴史を駆動してきた、としても強《あなが》ち的外れとはいえない。

例えば初期経典(ニカーヤ)には、いまみたように「縁起が重要だ」とは書かれてあるが、「縁起とは何か」の明確な定義は記されていない。縁起は深妙《じんみよう》であり、なかなか理解が届かないなどとあるのに、この語が指し示すところは少しも分明ではない。而《しこう》して、仏教徒のあいだでは、縁起の解釈をめぐる探究や論争が長く続くことになった。このことの意義については、本章の終わりにもう一度触れる。

なお本書においては大乗仏教興起以前の仏教を複数の名称で表す。まずブッダ在世時からおよそ一〇〇年を経るまでの仏教は「原始仏教」と呼称する。続いて、ブッダの教団が第二回結集《けつじゆう》後根本分裂し、さらに細分化を遂げた仏教を「部派《ぶは》仏教」または「アビダルマ仏教」と呼ぶ。そして、原始仏教と部派仏教（アビダルマ仏教）とを一括して「初期仏教」と記す。

†「論争すべからず」

ここで一つ断っておくが、仏教は論争自体を奨進しているわけではない。初期経典のブッダの教説をみれば明らかだが、論争や討議の無益さは説かれても、言表上それらが嘉《よみ》されたことはない。それどころか、最初期の経典では論争は禁じられている。

中村元《はじめ》によれば、この背景には「仏教が他の思想とは次元を異にした高い立場にたつ思想であり、すべての思想を包容するものであるとすると、まさにそのゆえに他の人と争うということがなくなる」という根本信条があったという（『中村元選集〔決定版〕第15巻／原始仏教の思想Ⅰ　原始仏教Ⅴ』「第三章　宥和的性格」春秋社）。

例えば「スッタニパータ」第四章の八九四、八九五にはこうある。

「一方的に決定した立場に立ってみずから考え量《はか》りつつ、さらにかれは世の中で論争をなすに至る。一切の（哲学的）断定を捨てたならば、人は世の中で確執を起すことがない」（中村元訳『ブッダのことば』岩波文庫）

「これらの偏見を固執して、『これのみが真理である』と宣説する人々、――かれらはすべて他人からの非難を招く。また、それについて（一部の人々から）称讃を博するだけである」（中村訳　前掲書）

そうしてブッダは続く偈（八九六）で「論争すべからず」と説くのである。

「（たとい称讃を得たとしても）それは僅かなものであって、平安を得ることはできない。論争の結果は（称讃と非難との）二つだけである、とわたくしは説く。この道理を見ても、汝らは、無論争の境地を安穏《あんのん》であると観じて、論争をしてはならない」（中村訳　前掲書）

†糾明するブッダ

しかしながら、一方で初期経典にはブッダが異教の信徒や弟子たちと問答をしている姿が頻繁に描かれている。相手の邪見を糺《ただ》すことも稀ではない。場合によっては厳しい難詰に及ぶことすらある。

例えば、マッジマ・ニカーヤの第三八経「大愛尽経《だいあいじんきょう》」に、弟子のサーティの邪見を喝破する場面が出てくる。サーティは「この識は流転し、輪廻し、同一不変である」という教えをブッダが説いているものと誤解した。明らかにサーティは「識（ヴィンニャーナ／p）」を霊魂と看做し、輪廻を実在と看做す過誤に陥っている。しかもそれをブッダの教説と思い込んでいる。そこでブッダはサーティを呼びつけ、こう問い質《ただ》す。

「『サーティよ、そなたに、〈私は世尊がこのように法を説かれたと理解する。すなわち、この識は流転し、輪廻し、同一不変である〉との、このような悪しき見解が生じているそうですが、本当ですか』

『確かにそのとおりでございます、尊師よ。私は世尊がこのように法を説かれたと理解いたします。すなわち、〈この識は流転し、輪廻し、同一不変である〉と。』

『サーティよ、その識とは何ですか』

『尊師よ、それは語るもの、感受するものであり、それぞれの処においてもろもろの善悪業の果報を受けるものです』

『愚人よ、そなたはいったい誰のために私がそのように法を説いたと理解するのですか。愚人よ、私は多くの根拠をもって、縁より生じる識について述べてきたではありませんか。〈縁がなければ、識の生起はない〉と。

しかし、愚人よ、そなたは自己の誤った把握によってわれわれを誹謗し、また自分をも傷つけ、多くの罪を作り出しています。愚人よ、それはそなたにとって長く不利益になり、苦になるはずです』と。」（片山一良訳『パーリ仏典第一期2／中部（マッジマニカーヤ）根本五十経篇Ⅱ』大蔵出版）

この「識」の誤解に関する師の糾明は、縁起説を解釈するに当たっても極めて重要な鍵となる。近年では仏教学者すら、サーティ同様、識を霊魂や輪廻の主体と捉える過誤を流通させているので、ヴィンニャーナ／p、ヴィジュニャーナ／sの語源に遡って、その意味するところを確認し直す必要がある。この点に関しては後論する。

単に説法をするだけでなく、問答や討議を通じて、教えの理解を深め、定着させていくというやり方はブッダのコミュニケーションの基本だ。

†対論、論争、批判

また教えの内容を明確化するためにあえて問答や論争の形式が採られることもある。ナーガールジュナに帰される論著に「廻諍論《えじょうろん》（ヴィグラハ・ヴィヤーヴァルタニー／s）」があるが、この外題にある「廻諍」とは「論争を回避する」というほどの意味だ。梶山雄一はこの論書の訳を中央公論社（当時）の『世界の名著』に入れるに際して「論争の超越」と題した。論争の超越は、まさに先にみた「スッタニパータ」第四章のブッダの「論争すべからず」なる説教の本質である。

然《しか》るに、ナーガールジュナを祖師とする中観派《ちゅうがんは》は『中論頌』ひとつ取りあげても、まさに対論、論争、批判を自らの任務としている観がある」（江島恵教「中観学派における対論の意義」『仏教思想史3〈仏教内部における対論〉インド』平樂寺書店）。

そもそもいま挙げた「廻諍論」からして徹頭徹尾、論争と説破の連続である。ヒンドゥー教の六派哲学の一つであるニヤーヤ学派や仏教内部のアビダルマの実在論者を論敵に設定して、彼らが中観論者に浴びせ掛ける論難を一つ一つ道破するという構成になっている。

もちろん実際の論議の記録ではなく、「或問《わくもん》」型の批判であろう。或問とは「或る人問う」の謂いであり、仮に設けたある人の問いに答えるかたちで、自説を述べたり、他説を駁したりする論述法である。「中論」にも反対者の偈（詩の形式の教説）が多く含まれ、部分的に或問の形式が取り入れられている。

中観派は言語による概念設定や論理展開の止滅を勝義《しょうぎ》とするので、ブッダ同様、問答や論白に本質的な意義を認めたりはしないが、言葉によって虚構された世間（世俗）においては、そのレヴェルに合わせて争論を積極的に行う。ここは「廻諍論」や中観派の論法がテーマではないので、誤解を怖れず、後代の中観派論師、チャンドラキールティの喩えを借りて短評しておくと「夢のなかの火事を、夢のなかの水で消し止める」ような試みと思われる。

マルティン・レップ、井上善幸編『問答と論争の仏教』（法藏館）の「序」によれば、仏教にはコミュニケーションの基本的な形式が少なくとも四つあるそうだ。

「第一に、釈尊の教化方法は、求道者たちとの広い意味での対話によって行われた。これは、教化や問答という形式とみることができる。第二に、釈尊は非信者、すなわちバラモンやジャイナ教徒たちと考えを交わしている。このような弁明的討論は、後に宗論や論争という形式に展開していく。第三に、釈尊の滅後、教団は釈尊の教説のあいだにみられる相互に整合しない箇所や未解決の問題に直面した。それらを解決するために僧侶たちが行った教義論争は、論義という形式で発達した。これらのコミュニケーションは口承や文字によって記録されることになる。第四に、記録された論義は、僧侶の教育機関で行われる教育システム――たとえば学修や試験――において、あるいはまた仏教儀礼（法会）において、正式な作法に従って用いられてきた」

「論争が仏教思想史を駆動してきた」という提題は、かかる歴史性を負い、機能性を帯びていることを忘れてはならない。

†日常語としての「縁起」

以上の予備的考察を踏まえて、いよいよ仏教の縁起説に分け入る。まず取っ掛かりとして、仏教雑学の本によくある「仏教由来の日常の言葉」的なアプローチを験《ため》してみよう。

この言葉は、日常語としては「縁起がいい」とか、「縁起が悪い」とか、あるいは「縁起を担ぐ」「縁起でもない」といった用法で使われる。この縁起の意味は吉凶の前兆である。何らかの事象が吉事や凶事の予示と看做される場合、例えば茶柱が立つと「縁起がよい」とされ、黒猫に前を横切られると「縁起でもない」といわれる。

また酉の市の熊手などを「縁起物」と呼ぶ場合もある。こちらの縁起は専ら吉事の兆しか想定されておらず、単に「縁起がよくなる物品」の意だ。

これらは、縁起という漢語を構成する「縁」と「起」の字の本来示すところ、すなわち「因縁」と「生起」の意味を拡張して適用した使い方だろう。前者の因縁をさらに分解すると「因」は直接的原因、主因であり、「縁」は補助因、従因、あるいは条件を示すとされることもある。「生起」とはもちろん結果が生じることだ。

悪しき因縁から不幸せな結果が生起し、善き因縁から幸いな結果が生起するという理《ことわり》がある。「因果応報」と呼ばれる、とてもシンプルな理路だ。おそらく、それを拡大解釈して、何らかの徴《シルシ》が何か喜ばしい事態の発生を、また別の徴《シルシ》が好ましからざる事態の到来を予示するものと看做したのだろう。

因果応報はそのわかりやすさ故に、縁起（因縁）と同一視されることがしばしばある。事実、それは業《ごう》、カルマ、カルマン／sと縁起とを一言で結びつけている。善なる行いの報いとして好ましい結果が生じ（「善因楽果」）、悪い行いの報いとして厭わしい結果が生じる（「悪因苦果」）という業に基づく運命の果報の説明、即ち「業報説」は、しばしば縁起説と密接したかたちで説示されてきた。けれども、業という概念が指示する現象と、縁起説が解き明かす現象のあいだには若干のズレがある。このズレには注意を要する。

あるいはまた、寺社の由来、沿革などを記した文書が「縁起」と題されることもある。例えば重要文化財に指定されている『北野天神縁起』という絵巻がある。これは讒言《ざんげん》によって筑紫の大宰府に左遷され、配所で失意のうちに生涯を閉じた菅原道真を天神として祀る北野天満宮の創建の由来と霊験譚を描いたものだ。ここでいう「縁起」とは神社仏閣の創建の由来や沿革を描いた絵巻のことを指す。

両方とも、一見仏教の縁起観とはずいぶんと異なるようにもみえるが、わずかであっても原義の、因果関係の意味合いが込められていることがわかる。

†仏教における因果関係

いかにも、仏教の縁起説の縁起は因果関係をもって第一義とする。因果といっても直ち、に因果応報を指すわけではない。因果応報には一種の倫理的価値判断が密着しているが、仏教における因果関係とは、「自己という現象」あるいは「自己という幻」、または「存在という現象」「存在という幻」の性格性質を表すものだ。つまり「この私」のあり方、「この世」、この世俗の事象というのは、因果関係によってすべて記述でき、隈なく説明が付くというのが縁起説の一つ目の旨義《しぎ》である。

因果関係とは通常、一つの原因があれば、一つの結果があるという関係を表す。一因一果だ。

しかし、先にも述べたように、仏教には因＝直接的原因・主因、縁＝間接的原因・従因と捉える立場もある。この縁起観はしばしば植物の喩えで説明される。すなわち、蒔かれた種を因（＝直接的原因、主因、要因）とし、水や太陽光、肥料などを縁（＝間接的原因、補助因、条件）とする。このように要因と条件とが揃ってはじめて、芽生えという果が生じる、というわけだ。

かく解し得るならば、主因と従因、要因と条件など、複数の原因から一つの結果が生じることをも含み込んだ表現にみえる（多因一果）。また、さらに敷衍すれば、多数の原因から多数の結果が生じるという捉えも出てくる（多因多果）。

†因と縁の分離

しかし、仏教がもともとこのように因と縁を分けて考えていたかというと疑問だ。初期仏教の教えを伝えるパーリ語経典《ニカーヤ》では、因（ヘートゥ／p）と縁（パッチャヤ／p）の区別を設けない。両方とも「原因」を意味する。縁を、原因が結果を生む際の条件（パッターナ／p）として区分するようになったのはもっと後のアビダルマ仏教以降である。

しかし、部派仏教（アビダルマ仏教）の流れを汲むテーラワーダ仏教、上座《じょうざ》仏教を日本に伝道するアルボムッレ・スマナサーラは、ブッダの時代には因と縁のあいだに区別はなかったと推定している。

「因と縁は、パーリ語でhetu因とpaccaya縁と二つあるのですが、経典ではhetupaccayaという言葉はほとんど同義語で、いつでも一緒に使うのです」「お釈迦様の時代には、因と縁をまったく区別していなかったと思った方がいいのです」（『ブッダの実践心理学 第六巻 縁起の分析』サンガ）

例えば、すぐ後に出てくる代表的な縁起説である「十二支《じゅうにし》縁起《えんぎ》」は「無明《むみょう》によって行《ぎょう》が生じる」という命題から始まるが、この「によって」の部分のパーリ原文には縁、つまりpaccaya（パッチャヤ）の語が当てられている。然るに「によって」はここで原因を直示しているのだ。パッチャヤは条件というよりただ一つの原因という意で使われている。

ところが部派仏教、アビダルマの時代になると因と縁を分けて考えるようになる。アビダルマ仏教は経典ではなく論書を中心に発展するが、その変化のなかで「によって」が複雑化する。例えば、先の十二支縁起の最初の命題は「無明によって行がある」から「ある原因（ヘートゥ）が、ある条件（パッチャヤ）によって、ある結果が生まれる」に変改されてしまう。先の、十二支縁起の冒頭を例に取るなら「無明という原因（因、ヘートゥ）が、ある条件（縁、パッチャヤ）によって、行が生まれる」となる。もともとの「によって」が原因（因）と条件（縁）に分離されてしまったことが、時代が下るに従って、縁起解釈上の様々な問題を生み出していく。

例えば上座仏教（テーラワーダ仏教）を代表する大註釈家であるブッダゴーサの『清浄道論』では、一因一果も一因多果も斥けられ、多因多果説が採られている。十二支縁起などで一因一果が説かれているようにみえるのは便宜的、形式的なものに過ぎないという。

それら後代の展開を考え合わせても、やはりオリジナルの仏教における縁起とは多因よりも一因、多果よりも一果、つまり一つの原因から一つの結果が生じるという直線的な因果関係に近かった、と推せるだろう。

†一因一果か多因多果か

一因一果か、多因多果か。現在、少なからぬ仏教者が後者を支持している。例えば宇井伯寿は「仏教では一因生を主張する説は邪説とせらるるが古来の定則とせられている」と断じ（「原始佛教資料論」『印度哲學研究　第二』岩波書店、なお古い文献の引用に当たっては、原文の旧仮名遣を新仮名遣に、旧字体を新字体に改めた。「此」は「これ」にするなど一部表記を改め、難読字には適宜、読み仮名を振った。以下同様）、これを受けて仏教学界の重鎮、平川彰も「一因からものが生ずるということは、仏教では言わないことであるし、それは不可能である」と説述した（『平川彰著作集第1巻　法と縁起』春秋社）。

また、しばしば「多くの因や縁が網の目のように関係して果が生じることを説くから、業果の教説は宿命論ではない」などという説明がなされる。一因一果の法則が決定的であるならば、あたかも機械の作動の如くであり、人間の自由意思の介在する隙間がない、というわけだ。多因多果ならば、錯綜する因果の糸のあわいに自由意思の入り込む余地が見出せるということだろう。

だが、かかる説明には幾つかの疑点が残る。

(1)先にみたニカーヤの記載の問題(因と縁は区別なく原因を意味する)。
(2)そもそも多因多果において、因果関係が成立しているといい得るのだろうか。コロラリー(派生系)である因果応報(善因楽果、悪因苦果)はどうなってしまうのか。
(3)一因一果は宿命論なのか。一因を為すか為さぬかという時点に自由があれば、その後の過程が決定的であったとしても宿命論とはいえないのではないか。例えば、人を殺したら地獄に堕ちることが確定するとしても、人を殺すか否かについて選択の余地があったとすれば宿命論とはいえないのではないか。

これは縁起を考えるに当たって、とても重要な論所だ。

†「十二支縁起」に反する多因多果論

だが、多因多果論にはもっと大きな難点があって、仏教の基本教理として、どんな概説書や入門書にも必ず記載されている「十二支縁起」に反するのだ。この縁起説は、少なくとも原始仏教の時点では、一因一果の連鎖によって生存苦(ドゥッカ/p)の発生を記述するものだ。生存苦を滅する方法も一因一果則に従って説き明かされている。「十二支縁起」の釈義(解釈論)は、本書のテーマである縁起論争の主要論点でもあるので、後に詳しく論じるが、ここでは原典を確かめながら概観しておこう。

一部の初期経典の記載によれば、ブッダ（ゴータマ・スィッダッタ／p、ガウタマ・シッダールタ／s）はウルヴェーラー村のネーランジャラー川の岸辺にあるアッサッタ樹（菩提樹）の下で七日間、結跏趺坐《けっかふざ》したままの姿勢で成道《じょうどう》し、その過程で内観したのが十二支縁起であるとされる。

「ウダーナ（感興偈《かんきょうげ》、自説経《じせつきょう》）」という、パーリ経典の小部（クッダカ・ニカーヤ）に収められている初期経典には次のように書かれてある。

まずは初更、即ち午後七時から九時ぐらいまでのあいだになされた観察についてブッダはこう語る。

〈十二支縁起A：宵の順観《じゅんかん》（生起門）〉

「かくのごとく、これが存しているとき、これが有る。これの生起あることから、これが生起する。

すなわち、この――無明（無明：無知）という縁から、諸々の形成〔作用〕（諸行：意志・衝動）が〔発生する〕。

諸々の形成〔作用〕という縁から、識知〔作用〕（識：認識作用）が〔発生する〕。

識知〔作用〕という縁から、名前と形態（名色：心と身体）が〔発生する〕。

名前と形態という縁から、六つの〔認識の〕場所（六処）が〔発生する〕。

六つの〔認識の〕場所という縁から、接触（触）が〔発生する〕。

接触という縁から、感受（受）が〔発生する〕。

感受という縁から、渇愛（愛）が〔発生する〕。

渇愛という縁から、執取（取）が〔発生する〕。

執取という縁から、生存（有）が〔発生する〕。

生存という縁から、生（生）が〔発生する〕。

生という縁から、老と死（老死）が〔発生し〕、憂いと嘆きと苦痛と失意と葛藤（愁悲苦憂悩）が発生する。

このように、この全部の苦しみの範疇（苦蘊）の、集起が有る」

（改行引用者、『小部経典——正田大観翻訳集　ブッダの福音』第一巻 Evolving）

†生存苦の発生機序

十二の項を抽出すると、①無明《むみょう》（根源的無知、根本煩悩）、②行《ぎょう》（諸行）、③識《しき》（識別作用）、④名色《みょうしき》（名前と形態、後には心理作用と物質）、⑤六処《ろくしょ》（目、耳など六つの認識器官およびその機能）、⑥触《そく》（認識対象との接触）、⑦受《じゅ》（苦楽等の感受）、⑧愛《あい》（渇愛）、⑨取《しゅ》（執著《しゅうじゃく》）、⑩有《う》（存在）、⑪生《しょう》（生存）、⑫老死《ろうし》、であるが、このそれぞれの項目を「支分《しぶん》」または「縁起《えんぎ》支《し》」と呼ぶ。

この十二の項目の連接は、人間の生存に纏わる苦、つまり老死の苦と憂い、悲しみ、苦患、失意、懊悩（老死、愁悲苦憂悩）がどのような進程で発生したかを解き明かしている。

初期仏教から大乗仏教まで受け継がれる「惑《わく》」「業《ごう》」「苦《く》」の三区分説では、①無明、⑧愛、⑨取の三支分が「惑」（煩悩）のカテゴリーに分類され、②行、⑩有の二支分が「業」（行為）に、③識、④名色、⑤六処、⑥触、⑦受、⑪生、⑫老死の七支分が「苦」に分類される。各支分の意味や配列の意義については、後で検討する。

十二支の支とはサンスクリット、パーリ語のアンガ／s／pの訳で部分、要素という意味。もともとは枝や四肢を指す。

最初に根源的無知、根本的生存欲望である無明があり、「それを縁として」行、つまり意志作用が起こる……という具合に、各支分を「縁として」次の支分が生起する。ここでの「縁として」は既述の通り「原因として」と同意なので、一因一果の連鎖が最後の縁起支、即ち老死まで続くことになる。そのようにして愁悲苦憂悩（憂いと嘆きと苦痛と失意と葛藤）、つまり生きることの苦しみすべてが発生する。

この因果関係を定式化したものが、冒頭の「かくのごとく、これが存しているとき、これが有る。これの生起があることから、これが生起する」の一節だ。パーリ語の原文では正田訳のように前節も後節も主語が「これ」になっているが、便宜的に「これ」と「それ」とに訳し分けるのが習いだ。そこで平たく書き直すと「これがあるとき、それはある。これが生じるから、それが生じる」となる。このセットフレーズは十二支縁起を読み解く上で、とても重要な鍵なので憶えておこう。

さて、引用した「ウダーナ」の箇所では、ブッダは、仏教が生存苦の発生機序を順次辿るかたちで語られている。これを「順観《じゅんかん》」または「生起門」と呼ぶ。本書では専ら「順観」の呼称を使う。だが、生存苦を破却し、消滅させることは仏教の究極の目的であり、解脱、あるいは悟りというのは、要は生存苦が完全に止滅し、「憂いと嘆きと苦痛と失意と葛藤（愁悲苦憂悩）」から完全に解放された寂静《じゃくじょう》の境地に達することである。四諦《したい》（四つの真実）も十二支縁起も苦を滅するという主題において共通する。従ってその生起《しょうき》の機序が明らかになっただけでは、未だ道半ばである。

†真夜中の逆観

そこで「ウダーナ」には、もう夜が更けた頃、中更（真夜中）のあいだにブッダが看取したことが次のごとく語られてある。

〈十二支縁起B：真夜中の逆観《ぎゃっかん》（還滅門《げんめつもん》）〉

「かくのごとく、これが存していないとき、これが有ることはない。これの止滅あることから、これが止滅する。

すなわち、この――無明（無明：無知）の止滅あることから、諸々の形成〔作用〕（諸行：意志・衝動）の止滅がある。

諸々の形成〔作用〕の止滅あることから、識知〔作用〕（識：認識作用）の止滅がある。

識知〔作用〕の止滅あることから、名前と形態（名色：心と身体）の止滅がある。

名前と形態の止滅あることから、六つの〔認識の〕場所（六処）の止滅がある。

六つの〔認識の〕場所の止滅あることから、接触（触）の止滅がある。

接触の止滅あることから、感受（受）の止滅がある。

感受の止滅あることから、渇愛（愛）の止滅がある。

渇愛の止滅あることから、執取（取）の止滅がある。

執取の止滅あることから、生存（有）の止滅がある。

生存の止滅あることから、生（生）の止滅がある。

生の止滅あることから、老と死（老死）が〔止滅し〕、憂いと嘆きと苦痛と失意と葛藤（愁悲苦憂悩）が止滅する。

このように、この全部の苦しみの範疇（苦蘊）の、止滅が有る」

（改行引用者、『小部経典――正田大観翻訳集　ブッダの福音』第一巻 Evolving）

夜更け前の観察においては苦の生起が看て取られた。これを十二支縁起の「順観」と呼んだ。そして夜中には苦の滅が観察されている。無明の滅から始まり、ドミノ倒し式に老死の滅に至る。無明の滅→行（諸行）の滅→識（識別）の滅→名色の滅→六処の滅→触（接触）の滅→受（感受）の滅→愛（渇愛）の滅→取（執著）の滅→有（存在）の滅→生（生存）の滅→老死の滅と続き、そして「愁悲苦憂悩」のすべての苦が止滅する。これを「逆観」または「還滅門」と呼ぶ。本書では専ら「逆観」を用いる。

やはり冒頭に「かくのごとく、これが存していないとき、これが有ることはない。これの止滅あることから、これが止滅する」という定型句が置かれている。「順観」の場合に倣って平易に書き直すと「これがないとき、それはない。これが滅するから、それが滅する」となる。これも憶えておこう。

先ほど仏教の目的が苦を滅することにあり、悟りの境地とはその状態である、と述べた。真夜中に観察された十二支分の滅の連接は、まさに人間の生存に纏わる苦、即ち老死の苦と憂い、悲しみ、苦患、失意、懊悩（老死、愁悲苦憂悩）の止滅の進程を表示している。いかに生存苦を滅尽すべきか、という道標なのだ。

†十二支縁起はブッダの悟りか？

さらに「ウダーナ」には明け方の思索において、宵の時刻の観察〈十二支縁起A〉と真夜中の省察〈十二支縁起B〉とがまとめられている。

まず宵の順観〈A〉が再び繰り返される。

「かくのごとく、これが存しているとき、これが有る。これの生起あることから、これが生起する。すなわち、この――無明という縁から、諸々の形成〔作用〕が〔発生する〕……」

さらに真夜中の逆観〈B〉が改めて確認される。

「まさしく、しかるに、無明の残りなき離貪と止滅あることから、諸々の形成〔作用〕の止滅がある。諸々の形成〔作用〕の止滅あることから、識知〔作用〕の止滅がある……」

そしてブッダは次の感興の詩〔偈〕を唱えたという。

「熱情ある者に、〔常に〕瞑想している婆羅門に、まさに、諸々の法〔性質〕が明らかと成る、そのとき、〔彼は〕悪魔の軍団を砕破しながら〔世に〕止住する――太陽が、空中を照らすように」（正田訳　前掲書）

偈の冒頭に出てくる「熱情ある者」「〔常に〕瞑想している婆羅門」というのは、ここでは熱心に修行に励んでいる仏教者ぐらいに解して欲しい。

このようにみると十二支縁起＝証知《しょうち》の内容、と考えてもよさそうに思える。だが現代仏教学のファウンダー、中村元はこれをあからさまに否定した。

「チベット『律蔵』および漢訳『有部律破僧事』によると、釈尊はすでにさとりを開いたあとで、しばらくたってから十二因縁を観じたのであり、縁起説とさとりとのあいだに本質的な連関は存在しない」（中村『ゴータマ・ブッダ　普及版　上』春秋社）

同様に仏教学者の多くが十二支縁起をブッダの証悟《しょうご》の内容とすることに否定的だ。

この背景にはパーリ経典に十二支縁起成道記事そのものがわずかしか見出せないという事情も絡む。ブッダが十二支縁起を証得することで悟ったと記すのは上引の「ウダーナ」、パーリ律の「マハーヴァッガ（大品）」、そしてサンユッタ・ニカーヤ（相応部経典）に収められている「大釈迦牟尼瞿曇《だいしやかむにくどん》（偉大な釈迦族の牟尼であるゴータマ仏）」という経だけなのだ。

中村元の弟子筋に当たる三枝充悳《さいぐさみつよし》は「釈尊＝ゴータマ・ブッダは菩提樹下において十二支縁起（十二因縁）の理法をさとった、というような文は、たといそれに『ウダーナ』一の一〜三という資料が添えられていたとしても、仏教学者―仏教学研究者のあいだからは払拭されなければならぬ。右の記述は、資料論を含む文献学の無知をみずから告白するものであり、したがって当初から仏教学そのものを拒絶しているのであるから。ただ、学——研究を離れて、一仏教者として自分はそう信じたいというのであれば、どうぞ御随意に、と仏教学は答えるであろう」とまで極言している（『縁起の思想』法藏館）。三枝充悳は「第二次縁起論争」のリーディング・ロールを演じた研究者なので、その縁起観は第四章で取り上げる。

†パーリ語経典の新古

ここで余事にわたるが、パーリ経典の新古の問題に言及しておこう。スリランカ、ミャンマー、タイ、カンボジア、ラオスに広まり定着した、原始仏教から部派仏教辺りまでの教えを伝持している仏教を上座《テーラワーダ》仏教という。一昔前は「小乗」と貶称されていたが、これは大乗仏教サイドに立って、一方的な負性を強いる呼称であるため、現在は使われない。上座仏教は大乗仏教と異なり、正典《カノン》を確定している。これがパーリ三蔵とか、パーリ聖典などと呼ばれるもので、なかんずくお経、つまりブッダの直説とされる教えをパーリ語で記した典籍の集成を「経蔵《きょうぞう》」、スッタ・ピタカ／pという。三蔵《さんぞう》（ティ・ピタカ／p）はこの「経蔵」と、初期仏教の形成した僧団（サンガ／p）の運営規範や出家者の生活規則を記した文書の集成である「律蔵《りつぞう》（ヴィナヤ・ピタカ／p）」、ブッダの教説の綱目を集め、それらを解説したり、敷衍したり、釈義を施したりした論書の集成である「論蔵《ろんぞう》（アビダンマ・ピタカ／p）」から成る。

「経蔵」に含まれるお経がパーリ経典だ。パーリ経典は五部に分かれていて、ディーガ・ニカーヤ（長部《ちょうぶ》）、マッジマ・ニカーヤ（中部《ちゅうぶ》）、サンユッタ・ニカーヤ（相応部《そうおうぶ》）、アングッタラ・ニカーヤ（増支部《ぞうしぶ》）、クッダカ・ニカーヤ（小部《しょうぶ》）がある。ニカーヤとは経典の集まりという意味で、五部のパーリ経典全体をニカーヤと呼ぶ場合もある。

例えば、先に引いた「ウダーナ」や、原始仏典としてよく知られた「スッタニパータ」、「ダンマパダ」はパーリ五部のクッダカ・ニカーヤの部に収められている。

これに対し「般若心経」や「法華経」、「華厳経」や「維摩経」などはまずサンスクリットで書かれた大乗経典だから、当然パーリ経典には含まれない。それどころか上座仏教では、これら大乗仏典はブッダの説いた教えを記した典籍＝経とは認められない。なお本書では、これまでそうしてきたようにパーリ語で書かれた古形のお経をニカーヤ、初期経典、パーリ経典などと総称する。

ただ初期経典といっても成立時期にバラツキがある。例えば、小部（クッダカ・ニカーヤ）所収の「スッタニパータ」の、とくに第四章と第五章は最も古い層の経典とされる。最古、ということは単に書かれてから最も時間を経たというだけではなく、ブッダの直説に最も近いと考えられるという意義も含む。

これまでもニカーヤの新古を見定めるため、様々な方法論が考案されてきたが、近年の、韻律、語形、意味用法、語彙の変遷に注目した言語科学的研究によれば、最も古い経典の成立時期はアショーカ王期以前にまで遡ることができ、やはり「スッタニパータ」の四章、五章等が最古と推定されている。また、これら最古層の経と最も新しい層の経とのあいだにはおよそ三〇〇年ほどの隔たりが仮定できるという(中谷英明「ブッダの魂論」『論集・古典の世界像』「古典学の再構築」研究成果報告集V、同「洞窟八詩篇訳注——八頌品(はちじゅぼん)の研究——」『奥田聖應先生頌寿記念インド学仏教学論集』佼成出版社)。本書ではニカーヤ等の新古の分類について、中谷英明による三層五部の推定を基本とする。

†多様な有支縁起説

本途に戻る。

十二支縁起のように支分(縁起支)を立てる縁起説を「有支縁起《うしえんぎ》」という。パーリ経典にみえる各支縁起には、数え方にもよるが、およそ二支、三支、四支、五支、六支、八支、九支、十支、そして十二支がある。

なぜかくも多様な有支縁起説が成立したかについては、最初は支分の少ない単純な形態だった縁起説が、時代を経るに従って縁起支が徐々に増え複雑化し、最終的に十二支で完成をみたという説もあれば、まず十二支縁起説があって、そこから略形やヴァリアントが案出されていったという説もある。後者は少数説だが、例えば舟橋一哉《ふなはしいっさい》はこの立場に拠っている。

本書第二章、第三章の主題である「第一次縁起論争」においては、有支縁起の多様性をどう理解するかが一つの争点となった。各々の立場を略述しておくと、木村泰賢《たいけん》は、おそらく識、名色など幾つかの縁起支の連なりがブッダによって最初に説かれ、晩年、十二支縁起に至ったと推した。赤沼智善《ちぜん》は十二支縁起もしくは十支縁起という「正系」がそもそもあり、他の有支縁起説はその補足説明に過ぎない、という見解を採った。和辻哲郎は様々な縁起系列はそれぞれ内的必然性をもって順序づけられているとし、その特殊性を内蔵しながらの漸次的発展を認めた。宇井伯寿は十二支縁起説の根本的意義を「相依性《そうえしょう》縁起説」とした上で、これを、場合に応じ相手に随《したが》って、種々なるかたちで明らかにしようとしたため、種々なる系列の有支縁起が生じたのだと説明した。

だが仮に、十二支縁起が後代の付加増広《ぞうこう》の結果としてあるとしても、ブッダの証悟までの内観が十二支縁起の描き出す順観、逆観の系列と似た経路を辿っていったであろうことは想像するに難くない。やや先取的に私見を差し挟んでおけば、この問題を解くには、支

中谷英明の推定による「スッタニパータ」と他のパーリ経典の成立時期区分

※「スッタニパータ」の品題等は中村元『ブッダのことば　スッタニパータ』（岩波文庫）に準拠した。

第１層（最古層）

１部　「スッタニパータ」第４章「八つの詩句の章」（766偈〜975偈）

２部　「スッタニパータ」第１章「蛇の章」３「犀の角」（35偈〜75偈）
「スッタニパータ」第５章「彼岸に至る道の章」（１序 を除く。1032偈〜1149偈）

第２層（古層）

３部　「スッタニパータ」第１章「蛇の章」（３「犀の角」を除く）
「スッタニパータ」第２章「小なる章」（11「ラーフラ」序の詩、を除く）
「スッタニパータ」第３章「大いなる章」（11「ナーラカ」［序］を除く）
「ダンマパダ」、サンユッタ・ニカーヤ、「テーラガーター」、「テーリーガーター」などの韻文部分

第３層（新層）

４部　「スッタニパータ」第２章「小なる章」11「ラーフラ」序の詩（335偈、336偈）
「スッタニパータ」第３章「大いなる章」11「ナーラカ」［序］（679偈〜698偈）
「スッタニパータ」第５章「彼岸に至る道の章」１序（976偈〜1031偈）

５部　「スッタニパータ」第１章、２章、３章に散在する散文部分
他の大部分のニカーヤ、ヴィナヤ（律）の散文部分

分の数に拘《こだわ》ることなく、十二支縁起に至る有支縁起説の変遷や性質、機制を考察する必要がある。それが何を問題とし、何を解き明かそうとしているのかの吟味から始めることがまず肝要だろう。そして十二支縁起成立までの有支縁起の機制を具《つぶさ》にみることは、取りも直さず、ブッダの証得した真理の本質を手繰り寄せる一手段であると思われる。

十二支縁起の成立を推す上でさらに重要な点もある。ニカーヤにはいままでみてきた順観、逆観とはまったく観点の異なる十二支縁起のパターンがみえるのだ。この論件とそれに附随する幾つかの問題については、次章で検討する。

†十二支縁起を否定する「般若心経」

先に、ニカーヤと大乗経典の違いを述べたばかりだが、十二支縁起をめぐる問題として、さらに厄介なのは大乗仏教がこれを認めているのか、あるいは斥けているのかが判然としない、という点だろう。

例えば「般若心経」を読んでみよう。最も人口に膾炙した大乗経典であり、漢訳の全文が三〇〇字足らずという簡潔さから暗誦を試みたり、写経に勤しむ人も数多い。実はこのお経、十二支縁起説をトータルに否定しているのだ。

「般若心経」に馴染みのある人ならご存じだろうが、経中に「無無明、亦無無明尽。乃至無老死、亦無老死尽」という一節がある。「無明は存在せず、かつまた無明が尽きることもない。あるいはまた老死は存在せず、かつ老死が尽きることもない」と訳すが、いうまでもなく無明は十二支縁起の発端であり、老死はその帰結である。始めと終わりの両端が否定されているということは、その中間過程にある十支分のすべてが否定されていることに異ならない。

しかも無明と老死の存在が否定されているだけでなく、「尽きることもない」とそれらの滅尽も否定されてある。これをリテラルに読むと矛盾を孕んだ説示にしかみえない。無明について、前段で「無明はない」(「無無明」)と明言しながら、後段では「無明は尽きることがない」(「無無明尽」)という。老死についても前段で「無老死」と説きながら、後段で「無老死尽」と説く。そもそも「ない」のであれば、それが尽きるものか否かの詮索自体が無意味であろうに、「般若心経」はわざわざセットで言明している。

だが、これを既存の十二支縁起の説全体を対象とした否定だと読めば矛盾なく整合する。即ち十二支存立の次第を記述する順観と、それら支分の滅尽の次第を説き述べる逆観を二つながら否認したものであると解される。

テーラワーダ仏教の長老、アルボムッレ・スマナサーラははっきりと「般若心経」は「無明を否定して、無明がなくなることも否定して、要するに十二因縁を全部否定して」

いると断定し、この態度を批判している（スマナサーラ『般若心経は間違い？』宝島SUGOI文庫）。

スマナサーラにとっては、仏教の十二因縁（十二支縁起）の教えは「私自身の生きる苦しみを説明したもの」であり、かつ「私という存在が、苦しみの世界から脱出して解脱に達する道筋が明らか」になるものである（スマナサーラ　前掲書）。

では、「般若心経」は仏教本来の現状認識と目的を放棄しているのだろうか。「般若心経」が生存苦という問題と生存苦からの解放という課題を排斥したとは思えない。もしそれまで斥ければ仏教ではなくなってしまうからだ。ではなぜ十二支縁起を否認する必要があったのか。これは上座部までの初期仏教と大乗仏教の差異にも深く関わる重大な論点である。

他方、初期経典の伝承を根拠として、十二支をはじめとする有支縁起説における各支分の連鎖的な生起の観察（即ち順観）と、それに基づく止滅の法の発見（即ち逆観）をこそ悟りの内容とする説もなお有力だ。

仏教学者の大半がその悟得に否定的であるにも拘わらず、十二支縁起を基本教理として紹介する入門書は多々あるし、もちろんスマナサーラに代表される現代の上座部も「十二支縁起は仏教の心髄」と重宝する。

†中観派の十二支縁起観

また上座部だけではなく、大乗仏教の根本論書の随一とされる、ナーガールジュナ（龍樹）の主著『中論《ちゅうろん》』（『根本中頌《こんぽんちゅうじゅ》』）も、十二支縁起の解説に一章を割いている。ナーガールジュナは、『般若心経』と同じ空の思想に立脚する「中観派」という学派、教派を開いた大論師《だいろんじ》であり、大乗仏教最大の思想家だ。

この『中論』第二六章「観十二因縁品《ぼん》」では、説一切有部《せついっさいうぶ》（以下、適宜「有部」と略記す）の「三世両重説《さんぜりょうじゅうせつ》」に極めて近い解釈が施されている。有部の十二支縁起観について、とくに三世両重についてはすぐ後に関説《かんせつ》するが、『中論』全体において有部の見解は破却すべき対象となっているにも拘わらず、この二六章だけは趣が異なっているようにみえる。

そこで、鳩摩羅什《くまらじゅう》による漢訳のみが伝わっている青目《しょうもく》（ピンガラ）の古い注釈では、この章を「声聞法《しょうもんほう》の入第一義道」と解している。即ち、第二六章はナーガールジュナ独自の大乗的縁起（摩訶衍法）を説いているのではなく、部派仏教の教法（声聞法）による悟入を解説したものに過ぎぬというのだ。「青目注」とほぼ同趣旨の注釈が『無畏論』にもみえる。『無畏論』はナーガールジュナの自注の可能性も指摘されてきた、「青目釈」同様、最初期の『中論』の注釈書である。

あるいは中観派の学匠、バーヴィヴェーカが「般若灯論」第二六章で叙するように「(この章の意義は)言語慣習としての縁起を説くことにある」とも解し得る(梶山雄一訳「知恵のともしび　第二十六章」『仏教思想史3〈仏教内部における対論〉インド』所収　平樂寺書店)。ことほど左様に「中論」二六章の位置づけについては古くから諸説が提示され、教説解釈の焦点になってきた。そして今日でも決着をみたとはいい難い。

中観派(帰謬派)を正統教理と定めるチベット仏教はこの点をどう理解しているのだろうか。チベットの「般若心経」や「中論」の注釈書、ダライラマ十四世の説法などを参照すると、二諦《にたい》説(聖俗二真理論)によって了解されているようだ。即ち「十二支縁起はあくまで世俗の真理(世俗諦《せぞくたい》)、暫定的な真理であり、勝義《しょうぎ》(最高の真理)においては存立しない」と解す。

「(「般若心経」の)『無明もなく』という意味は、勝義の次元において、無明という煩悩が成立しないことだ。それゆえ、無明を出発点とする『逆転の順観』(＝順観)も、勝義の次元では成立し得ない」「同様に、『無明の尽きることもない』という意味は、無明が成立しなければ、無明の滅も成立しないということだ。それゆえ、無明の滅を出発点とする『還滅の順観』(＝逆観)も、勝義の次元では成立し得ない」。老死についてもまた同じ。

しかも言外に「無明や老死のみならず、行から生までの各々も、それらの滅も、勝義の次元では一切成立しない」し、「十二縁起はことごとく、勝義の次元では空性という在り方でしか見いだせない」ことが喝破されているという(括弧内引用者、ゲシェー・ソナム・ギャルツェン・ゴンタ、クンチョック・シタル、齋藤保高『チベットの般若心経』春秋社)。

†「言語という問題」の導入

なお中観派は、世俗諦を言葉(言語的分別)によって成り立っている世間(ローカ/s/p)の原理とみるので、チベットの十二支縁起観と先のバーヴィヴェーカのそれ(十二支縁起は言語慣習によって成立する)とは基本的に同じことを述べている。

世俗は自己完結した関係性の体系である言語によって虚構されたものである、という捉えは、中観派のみによって主張されたのではない。中観派と対峙した唯識《ゆいしき》派もこの教理基盤は共有した。大乗仏教の二大学派は、「言語という問題」の導入によって縁起説の新生面を開いたのである。この世界の把捉の仕方については、最古層、古層のパーリ経典(例えば「スッタニパータ」第四章、第五章など)に幾つかの思想的萌芽がみられるものの、初期仏教での全面的な展開はなかった。三枝充悳《みつよし》はこの変遷を次のように纏めている。

「縁起している諸支について、そのあいだの関係性を特に鋭く考究し、諸支そのものとそれぞれの名称(すなわち言葉)との実体視や固定化を破り、さらに初期仏教以来の無我——

空や無常にもとづいて徹底した洞察を果たしたのが龍樹であり、縁起はいわば相依相関に深められ、各支の無自性（無実体）が明らかとなり、空であること＝空性、さらに中道に通ずる」（「縁起」早島鏡正監修　高崎直道編集代表『仏教・インド思想辞典』春秋社）

「言語という問題」は中観、唯識の両派にとって、無明、苦、自性《じしょう》、輪廻《りんね》など世俗の成立（虚構）に関わる、いわば大乗の世界認識の核と思われる。とくに「中論」の縁起観については各章で主題に応じて参看するが　大乗仏教の教理上の創見ともいえる言語批判は本書全体を貫くテーマの一つだ。縁起説のもう一つの旨義は、分別、即ち言語的概念化が齎《もたら》す世界（ローカ）の態様を観じ、それらが実は成立していないこと、つまり虚構であることを悟る、にある。

十二支縁起はブッダの悟りの内容なのか。悟りの内容とまではいかなくとも肯定的に捉えるべきものなのか。それとも戯論《けろん》、妄分別《もうふんべつ》として最終的には斥けられるべき対象なのか。これは縁起をめぐる重大な論点の一つであり、二度の縁起論争にも深く関わっている。

ここで第一次縁起論争のアクターたちの概評を若干先取しておくと、木村泰賢は十二支縁起を生命の生成と開展の過程と捉え、そこから肯定的余地を導いた。これに対し宇井伯寿、和辻哲郎は、十二支縁起を最終的に否定され、滅せられるべきものと見極めた。とくに和辻が描き出した無明から明への転換の構造は劇的ですらあり、頗《すこぶ》るダイナミックである。

†「此縁性」とは何か

さて、少し前に十二支縁起は、一因一果が連鎖的に継起する因果関係によって成っていると述べた。このことは十二支縁起が、順観にしろ逆観にしろ、時間的遷移を表していることを強く予想させる。

上掲の「ウダーナ」の冒頭に、これを簡約的に表す定型句が置かれていることは既に指摘した。改めて引こう。

「これがあるとき、それはある。これが生じるから、それが生じる」

「これがないとき、それはない。これが滅するから、それが滅する」

この一句目を「此縁性《しえんしょう》（イダッパッチャヤター）」と呼ぶ。また一般に、二句併せて此縁性に相当するとみる場合も多い。つまり、此縁性とは「〝此《これ》〟の有無生滅に〝縁《よ》〟って、それの有無生滅が決まる〝性〟質」の謂いである。

この二句は十二の各支分の関係を表す式、一種の公式と解するのが妥当だ。例えば「これ」に「触《そく》」（認識対象との接触）という支分を代入し、「それ」に「受《じゅ》」（苦楽等の感受）という支分を代入すれば「触があるとき、受がある。触が生じるから、受が生じる」、「触がないとき、受はない。触が滅するから、受が滅する」と、十二支縁起の一部が得られる。

既述の通り、宇井伯寿がこの此縁性を「相依性《そうえしょう》」と訳し、戦後活躍する宮本正尊《しょうそん》や一時期の舟橋一哉、そして前に引用した増谷文雄ら錚々たる学究がこれに倣ったために混乱が生じた。

けれども相依性では、あたかも「これ」と「それ」の因果性が可逆的であり、二項が交互に原因となったり結果になったりするかのようである。さらに進んで、双方が他の原因であり、同時に他の結果でもあるような相互依存的な関係にもみえる。

従って、この訳語は適当ではない。此縁性の定型句における「これ」と「それ」との関係は、あくまで原因→結果の因果関係で確定している。原因と結果のあいだに時間が挟まれようが挟まれまいが、一方向なのだ。因果異時（時間差あり）であれ、因果倶時《くじ》（因果同時、時間差なし）であれ、「これ」が原因で「それ」が結果であることに変わりはない。

僧侶などが因果倶時を説明する際、よく引合いに出されるのが「蓮は花（原因）と実（結果）が同時に生じる」という「花実同時」の喩えだ。だが、この喩言《ゆげん》においても花と実、原因と結果の関係は確定している。決して因と果が逆転したりはしない。十二支縁起解釈において、専らこの縁起説を採ったのが和辻哲郎である。彼は十二支縁起について継時的因果性も相依《そうえ》相関《そうかん》性も認めず、あくまで、ある支分（法）が他の支分（法）を条件付ける論理的な関係と捉えた。論理的に決定される因と果の連接、時間なき因果関係である。宇井伯寿は結局、全的な相依《そうえ》相待《そうだい》の縁起説を採り、和辻哲郎とも見解を異にしたが、時間的因果関係をこうきっぱりと斥けている。

「無明なるものから行識等と漸次時間的に生ずることを意味すと解する如きは、原始仏教にも、所謂根本仏教にも、特に仏陀の説にも、全くなき考えである」（「原始佛教資料論」『印度哲學研究　第二』岩波書店）

†縁起概念の三類型、此縁性の二分説

整理すると、縁起という概念が包蔵する内容には、大別して以下の三つが考えられることになる。

（Ⅰ）時間軸に沿った異なった時点間における因果のみであり、因と果は反転しない。（時間的因果関係）

（Ⅱ）同時的な因果も認められるが、因と果の関係は論理的に確定している。（論理的因果関係）

（Ⅲ）時間軸を欠いた空間的な相依相関の関係であり、因果関係ではない。（空間的相互依存関係）

なお、此縁性の定型句の「ある」と「生じる」、「ない」と「滅する」を分けて、「ある」「ない」が空間的な関係性を表し、「生ず」と「滅す」が継時的な因果性を示すという見方もある。アビダルマ以降の分別説で、ナーガールジュナも「宝行王正論《ラトナーヴァリー》」でこれを認めている。

「これがあるとき、かれがある。たとえば、長があるとき、短があるように。これが生じるとき、かれが生じる。たとえば、灯火《ともしび》が生じるとき、光が生じるように。〔48〕

一方また、短がなければ長は自体として存在しない。また灯火が生じなければ、光もまた生じない〔49〕」（瓜生津隆真訳「宝行王正論（一連の宝珠―王への教訓）」『大乗仏典14　龍樹論集』中公文庫）

「長があるとき、短がある」「短がなければ、長はない」と長短の空間的な関係性が説かれる一方で、「灯火」と「光」の関係は継時的因果とされる。あくまで「灯火が生じる」ことを原因として「光が生じる」結果があるのであって、この順序は反転しない。

第一次論争のアクター、木村泰賢はこの説に準拠した。

こうした見方に対し、片山一良は伝統的註釈に基づき「『あるゆえに』とは『ないことがないゆえに』、『生じるゆえに』とは『滅することがないゆえに』、『ないゆえに』とは『あることがないゆえに』、『滅するゆえに』とは『生じることがないゆえに』と解せられる」と批判している。そして「あるゆえに」とは、現にある縁の状態を語りつつ「縁起の無効性」を示唆し、また「生じるゆえに」は果の生起に向かう状態を説きながら「縁起の無常性」を示唆しているのであって、「かかる内容のものを、その言葉だけ捉えて、『有』『無』から『空間的関係』を、『生』『滅』から『時間的関係』を」抽出することは偏った態度であり、「あえて空間/時間に区別すべきものではない」と結論づけている（「三尊と真理/応答（二）伝統仏教における縁起解釈」奈良康明監修『ブッダから道元へ』所収、東京書籍）。

三枝充悳も、初期仏教の縁起説は「包括的な内容を含み広範囲にわたる時間的解釈が存在する」とし、その時間的解釈には異時ばかりでなく同時も含まれるため、後者ならば論理的ないし空間的な解釈と連絡する余地を残しているとしている（『初期仏教の思想』「第九章　縁起説」下巻　第三文明社　レグルス文庫）

「要するに、初期仏教の縁起説について、（これは初期仏教のみには限らないけれども）、時間的解釈とか、論理的解釈とかに、そのどちらか一方にこだわること自体が、実はナンセンスといわなければならない。或るものは時間的とも、また他のものは論理的とも、また同一のものが時間的・論理的のどちらにも、とさまざまに解釈され得る余地を残して、初期仏教の縁起説は成立し存在していると評すべきである。

したがって、原因―結果といったり、理由―帰結といったり、あるいは「→」をもって示したからといって、つねにそれが時間的解釈あるいは論理的解釈のいずれか一方に区分されなければならない、というものでは決してない」（三枝　前掲書）

三枝は、この理解を踏まえて、異時と同時の両者に、あるいは時間的と空間的の双方に跨《また》がる関係というぐらいにみておくべきではないか、と提言しているが、片山一良の「あえて空間／時間に区別すべきものではない」との見解とほぼ同旨であろう。

†現代哲学の因果論

余談だが、現代の哲学者には因果論を否定する向きがあるという。その立場はビリヤード台の上の球の動きを題材として、次のように説明される。

「ふたつのボールの衝突という原因とそれらのボールの速度が変化するという結果には、時間差は認められず、それらは同時に起こる。このように原因と結果とはおよそ分離することができない一体のものであり、原因→結果ではなく、原因＝結果なのである」（須藤靖、伊勢田哲治『科学を語るとはどういうことか』河出書房新社）

これはある哲学者による因果論批判の旨義を宇宙物理学者の須藤靖が要約したものである。須藤はこの批判に対し「ふたつの球の衝突に関する限り、初期条件を与えればその後の振る舞いが完全に予言できるという意味で、原因と結果が明確に分離できる完全な決定論的系なのである」(須藤、伊勢田 前掲書)と反批判を加えている。

須藤の物理学者としての駁論は尤《もっと》もだが、しかし哲学の観点からみて因果関係の成立に「時間差」、つまり原因の時間的先行は必須なのだろうか。時間の先後がなければ「原因と結果が分離できない」というのは哲学的には決着のついていない問題ではないか。

例えば、先のビリヤード台の手球《てだま》と的球《まとだま》の衝突の事例について、哲学者のスティーヴン・マンフォードとラニ・リル・アンユムは、イギリス経験論の大成者、デイヴィッド・ヒュームの唱えた〝原因の時間的先行説〟に対して次のような反論を試みている。

「しかし本当にそうなるだろうか。二つの球が衝突して、その一方が、他方が動くことを引き起こすとしたら、その因果性はいつ生じるのだろうか。ヒュームはこの例を次のように説明するだろう。まず、的球が動く前に、手球が台上を転がっていく。次に、手球が的球に当たる。そして最後に、衝突の地点から的球が離れて動いていく。ここで、手球が転がることを原因とみなし、的球が転がることを結果とみなすならば、この例は、原因は結果に先立つというヒュームの主張を裏づけるものに見えるだろう。しかしそのような理解の仕方は正しいであろうか」

「手球が的球にふれるまでは、いかなる因果性も生じない。このことは、衝突に至る前の任意の地点で手球を手で止めることができ、そうしたら的球には何の影響も及ばなかったであろうことからわかる。球が当たるまで、的球にとっては何の因果性も生じていない。そしてこれは、ヒュームのもう一つの原理である近接性からわかることである。手球は的球に離れたところから影響を及ぼすことはできない。だから、衝突に先立って手球が転がっていったことは、実はあまり関係がなかったことになる。それは手球がどのようにして衝突の地点にたどり着いたかの話にすぎない。近接性の条件によれば、因果性は原因と結果の接触とともに生じる。そして接触が生じるのは、ある特定の一つの時点か、あるいは若干の幅のある時間においてである。このことから、原因が結果よりも前に起こることはありえないことが示唆される」(『哲学がわかる/因果性』岩波書店)

仏教者ならば、例示されたビリヤード台の状態を指摘されても「それは因果倶時《くじ》だ」と即答するだろう。上述の通り、異時か同時かは仏教の因果論にとって本質的問題ではないからだ。

†訳語「相依性」は適切か?

閑話休題。然るに「これがあるとき……」「これがないとき……」の対句を「相依性」と訳しては、論理的因果関係を超えて、それらがあたかも双方向の、相互依存的関係を示しているかのようである。事実、宇井はイダッパッチャヤターにこの訳語を当てた理由をこう説明している。

「前者（引用者注：イダッパッチャヤター）はこれに依ることという字義であるが、その意味は甲はこの乙に依り、乙はまたこの甲に依る、即ち互いに相依ることという事になるから、相依性と訳してよいであろう」（「原始佛教資料論」『印度哲學研究　第二』岩波書店）

だが十二支縁起に「甲はこの乙に依り、乙はまたこの甲に依る」ような双方向の関係はない。定向的な因果である。「これ」とはあくまでも引き起こす要素、あるいは条件となる要素であり、「それ」とは引き起こされる要素、あるいは被条件となる要素であって、通時的であれ論理的であれ、あるいは異時であれ同時であれ、この関係は逆転したり、入れ替わったりしない。可逆的でも可換的でもないのだ。

もし双方向の関係を認めるならば、此縁性の定式には「これがあるとき、それはある。また、それがあるとき、これはある」と可換性が明規されていただろう。

尤も「これがあるとき、それはある」「これがないとき、それはない」を西洋の命題論理の形式に変換し、わずかな操作を加えれば、「これがある」と「それがある」は同値となる。その限りにおいて宇井の叙説も強《あなが》ち間違いとはいえない。

これは例えば以下の手順によって証明される。

（1）「これがある」をp、「それはある」をqとする。
（2）「これがあるとき、それはある」ならば、p→qである。
（3）「これがない」は¬p、「それはない」は¬qである。
（4）「これがないとき、それはない」ならば、¬p→¬qである。
（5）¬p→¬qは、この対偶¬¬q→¬¬p、すなわちq→pと同値である。
（6）2、5から、p→qであり、q→pである。
　従って、p⇔q（pとqは同値）となる。

どうしてこうなるかといえば、先にも触れたごとく因果性を認定するには原因と結果の二項の近接性が必須となるが、「これがあるとき、それはある」「これがないとき、それはない」という関係の場合、「これ」と「それ」の近接の度合が非常に高いからだ。

だが、十二支の縁起の伝統的理解に沿っていえば、原則として無明から老死まで続く一方向の因縁の連鎖を内容とするのみで、双方向の因果系列を想定していない。但し後にみるように、ニカーヤ中にもこの例外に当たる記述はある。

†説一切有部の縁起解釈

大乗仏教に先立つ、部派仏教における有力部派の説一切有《せついっさいう》部《ぶ》は、十二支縁起をその作用の仕方によって四種のパターンに分けた。

一つ目は「刹那縁起」。これは十二の支分が一刹那、ほんの一瞬にすべて含まれるという説だ。

二つ目は「連縛《れんばく》縁起」。十二支が順次、間断なく継起し、連なっていくという説。身心の刻々の途切れなき変化、無常の相はこの縁起観によって説明できる。

三つ目は「分位《ぶんい》縁起」。五蘊《ごうん》（〝自分〟という仮象を構成する色・受・想・行・識の五つの要素）からなる有情《うじょう》（心を備え、動作するもののこと。例えば人を含む動物など）の十二の境位とする説。

四つ目は「遠続《おんぞく》縁起」。支分の無間《むけん》の連接を説く連縛縁起の逆で、間遠いと感じられるほど長い時間を隔てて因果の連繫が続くという説。

どのパターンも時間を十分に意識しつつ、そのなかで起こる不可逆の因果の作用として縁起を理解している。ここでは相依相関や相資相待《そうだい》は意識されていない。ただ「刹那縁起」は、後に因果倶時説（同時的縁起説）の原拠として挙げられるようになる。

有部がとりわけ重視したのは、第三の分位縁起だ。有部は十二支を三分し、まず無明（根源的無知、盲目的生存欲望）と行（意志による行為）を過去世の「二因」として配当する。この「二因」が現在世の識（識別作用）、名色（名称と形態）、六処（眼・耳・鼻・舌・身・

意の器官およびその機能)、触(六処それぞれの対象との接触)、受(感受)の「五果」を引き起こす。ここまでが第一の因果関係。

そして現在世の愛(渇愛)、取(執著)、有が「三因」となって、来世における生、老死の「二果」を齎す。これが第二の因果関係。三世において二つの因果関係が重なり合っているので、この仕組みを「三世両重」と呼ぶ。十二の支分が過去世、現在世、未来世というライフタイムを超えた定向の時間の流れのなかで、因となり果となりつつ行為者の境位を形成する、という縁起解釈だ。

†ナーガールジュナの示す二様の縁起観

これはいうまでもなく輪廻という現象の実在を前提とした説で、最初期の仏教の、内観《ないかん》による、内面の心理における証悟の過程を表した有支縁起観とは異なっている。然るに、先にも言及したごとく、ナーガールジュナの「中論」二六章においては有部の三世両重説に似通った十二支縁起観が示されている。だが同じ著者のものとされる「空七十論《くうしちじゅうろん》」の第四節「縁起の十二支は不生起である」においては「般若心経」同様、「苦を結果としてもつ縁起の十二支は生起したものではない。それは一刹那においても認められないし、多刹那においても認められない」と完全に否認しているのだ(瓜生津隆真訳「空七十論(七十詩頌の空性論)」『大乗仏典14　龍樹論集』中公文庫)。ここでのナーガールジュナの理路は次のようになる。
(1)縁起は迷い(無明)を原因とする。(2)迷いの条件は四顛倒《してんどう》(常・我・浄・楽の四つの倒錯的認識)にある。(3)しかし四顛倒はない(自己を含む世界のあり方は無常、無我、不浄、苦である。「無常は常ではなく、無我は我ではなく、不浄は浄ではなく、苦は楽ではない。したがって、倒錯はない」)。(4)四顛倒がないから、そこから生起する迷いもなく、迷いがなければ諸行の働きは生じない。他の支分についても同じ。
迷いは生成《しょうじょう》のはたらきに依存して生じ、生成のはたらきは迷いに依存して生じる。而してこの両者は実体として生起《しょうき》していない、という。相依関係だからこそ実体性が否定されるのだ。「父という概念」と「子という概念」がそうであるように。

父は子の生まれる原因の一つであって、その因果関係は確定していると捉えられがちだが、実のところ、ある男が「父となる」のは妻等が身籠もり、出産したからである。ある男は子供が誕生することではじめて「父となる」。生まれた者もまた、ある男が「父となる」ことではじめて「子となる」。即ち「父という概念」と「子という概念」とは相互に依存し、相互に存在を規定しあっている。それゆえに「父」も「子」も実体としては成立していない。関係を表す徴表《しるし》に過ぎない。それと同様に十二支縁起も成立していないとナーガールジュナはいう。

「まず父は子ではなく、また子は父ではない。この両者は相互に存在しないのでもなく、またこの両者は同時に（あるのでも）ない。この道理をもって父も子も（実体として）成立していないように、縁起の十二支もそれと同じである」（瓜生津訳　前掲書）

この論述は一体何を意味するのだろうか。十二支縁起など有支縁起の、最初期の仏教における釈義によれば、「識⇕名色」などの例外を除き、縁起とはあくまで一因一果の、一方向の因果の連鎖の謂いである。然るに「空七十論」のナーガールジュナは、縁起をまさに相依関係、相関関係と捉え、まさにそれ故に諸事象の実体（的存在）性を否認する。だが、この所述と、同じ著者の「中論」第二六章との関係はどうなっているのか。やはり二六章は伝統的に注釈書が示唆してきたごとく、批判の対象である有部の教説を解説しただけに過ぎぬのか……。

有部の三世両重説の評価、大乗仏教の祖師的学匠、ナーガールジュナ（龍樹）の縁起観との異同、また最初期の有支縁起説はいかなる過程を描き留めたのか、など縁起支および有支縁起の解釈をめぐる諸論件を考察する必要がある。

†相互依存の縁起説

しかし、仏教の縁起説は十二支縁起や有支縁起のみに留まらない。確かに部派仏教を含む初期仏教が、十二支縁起を一方向の縁起、因（引き起こすもの）と果（引き起こされるもの）が確定した関係の連鎖と解しているのは事実だ。然るに大乗仏教の縁起観は必ずしもそうではない。

大乗仏教が示す一般的縁起には双方向の関係性、つまり相依性を表すものがある。相互依存の縁起だ。いまみたばかりの「空七十論」第三節にはこうも書かれてある。

「『一』がなければ『多』はなく、また『多』がなければ『一』はない。したがって、存《も》在《の》は依存関係（因果関係）によって生じているのであって、個体としての存在（自相）のないものである」（瓜生津訳　前掲書）

またナーガールジュナの「ヴァイダルヤ論（広破《こうは》論）」では、認識方法と認識対象の相互依存が説かれている。

なお「空七十論」等にみられる相依性の縁起論に関しては、山口瑞鳳《ずいほう》や五島《ごしま》清隆らによる著名な批判がある。

実は初期仏教でも部派仏教、アビダルマ仏教の時代まで下ると論書のなかに事象、事物の相互依存を説く教えがみえるようになる。例えば六因四縁五果説と呼ばれる、アビダルマ時代に発想された新たな縁起説では相依の関係論が、六因の一つ「倶有因《くういん》」とくに「互為果倶有因《いかごい》」として認められている。互為果とは「互いに果と為《な》る」の意である。ただ、六因四縁五果説と大乗仏教の縁起説との牽連性《けんれん》は十分に解明されたとはいい難い。

第二次縁起論争の参加者である舟橋一哉は、最初期の仏教の縁起説には「有情数縁起《うじょうしゅ》」と「一切法因縁生の縁起」とがあったとする赤沼智善の説を継受して、さらに展開している（舟橋『「一切法因縁生の縁起」をめぐって』「佛教學セミナー」第三七号）。前者は十二支縁起のように「有情が迷いの世界に流転する、その流転のすがたを説く縁起説」であり、後者は「迷いの生にあっては、すべては種々様々な条件によって条件づけられて存在するもの、即ち条件に依存するものばかりであって、条件を離れて、条件と無関係に存在するものは一つもない」とするものだった。

然るに説一切有部においては、専ら「有情数縁起」が説示された。そしてナーガールジュナに至ってはじめて有部においてなおざりにされた「一切法因縁生の縁起」が仏説として復活した、と舟橋はいうのだ。この舟橋説は第二次縁起論争で大きな論点を構成したので、第四章で詳細に論じる。

また、この舟橋の縁起説には、近年も第二次論争とはやや異なる視角から批判的考察がなされている（例えば、小谷信千代《おだにのぶちよ》『二種縁起説論考』「佛教學セミナー」第八三号、本庄良文《ほんじようよしふみ》『説一切有部の縁起説――舟橋一哉説の検討――』「印度學佛教學研究」第四八巻第一号、さらに本庄の評説に対する批判として楠本信道『『倶舎論』における世親の縁起観』〈平樂寺書店〉が挙げられる）。

現にみたごとく、アビダルマ仏教にも六因四縁五果説があった。舟橋はそのことを認めながら、縁起という言葉が使われていないことから、「有情数縁起」以外は切り捨てられた、との判断を下している（舟橋『『一切法因縁生の縁起』をめぐって』前掲）。この評価は正当であろうか。

これらの知見を踏まえ、また原典を確認しながら、原始仏教から大乗仏教までを貫く「通仏教」的ないし「汎仏教」的な縁起説はあり得るのか。それとも、そのようなものは存在しないのか、が問われる。

†縁起への問いは仏教そのものへの問い

さて、本書のメニューの提示はそろそろ終わりである。この章を閉じるに当たって、縁起を考えることの意義を再度確認しておきたい。

「批判仏教」の提唱者の一人として名を馳せた松本史朗は「仏に成る」こと、「悟る」ことの意味を幾つもの否定を重ねながら掘り下げた上で、次のように述べている。

「『悟り』＝『仏陀の智慧』とは、『縁起を思惟すること』『縁起説を対象とする思考』であると考えるべきであろう。これは勿論、一生に一回限りの『体験』というようなものではない。それは『縁起説を考え続けていくこと』であり、従って、『縁起説を考え続けていく人』を『仏陀』(buddha 目ざめた人)と言うべきなのではなかろうか」(『書評　袴谷憲昭著「法然と明恵　日本仏教思想史序説」』「駒澤大学佛教学部論集」二九号)

だが、普通に「考え続ける」だけで本当に縁起は理解できるのだろうか。先にもみた梵《ぼん》天勧請《てんかんじょう》の説話が記された経で、ブッダは伝道を躊躇する心中をこう表白している。前に増谷文雄の訳を掲げた箇所だが、今度は羽矢《はや》辰夫の訳で読んでみよう。

「修行僧たちよ、わたしはつぎのように思った。

『わたしが感得したこの真理はじつに深遠で、見がたく、理解しがたく、静寂で、すぐれていて、思考の領域ではなく、微妙で、賢者によって知られるべきものである。しかし、人は執着を好み、執着を楽しみ、執着を喜んでいる。しかし、執着を好み、執着を楽しみ、執着を喜んでいる人々には、いわゆる〈これを縁とすること、縁起〉ということの道理は見がたい(後略)』」(「第二六経　聖なるものの探求――聖求経《しょうぐ》」『原始仏典第四巻　中部経典Ⅰ』春秋社)

縁起は、通常の思考や推論の領域、タッカ／pの範域にはないと告げられている。もしそうならば、単に「考え続ける」だけでは、その真義に通達《つうだつ》できないことになる。だが「思考の領域」を超えた智慧とはいかなるものなのか。

また久保田力は、縁起の定義や内容、位置づけや評価が、仏教内部で未だ定まっていないことを認めながらも、そのことを肯定的に評価している。

「端的に、ブッダの悟りの内容が未だに十分に判明していないということは、対外的には近代仏教学の恥部であると映るかも知れないが、事態はそれほど単純ではないのも事実である。というのは、ブッダの証悟したものは何であったかという問いに、真剣に答えようとしてみせる考究の軌跡自体が、仏教そのものの歴史であったと言える側面があるからである。すなわち、縁起説の解釈の歴史・縁起思想展開の歴史が、仏教とは何かという根本的問題を貫いているからである」（『如来蔵思想の無漏縁起説（上）──『宝性論』の四障・三雑染説をめぐって』「東北芸術工科大学紀要」六号）

縁起を問うことは仏教そのものを問うことでもある。とくに〝体験の仏教〟とは別の側面、仏教のとくに〝知的〟側面に光を当てる試みでもある。もちろん、仏教は単なる哲学ではないから、その思惟、その知的営為は修道《しゆどう》（修行）と密接に結びついており、それらの所産は実践の道標となるものだ。また仏教の智慧は、思考や知識、その基礎にある言語的分別を超えたものであり、まさに「思考の領域」「推論の領域」を超えている。そうした高次の知に、いかにしてアクセスするかが問われてくる。

しかし同時に、完全に言葉や思索を離れ、智慧を軽んじて、体験や体感のみを重んじる修行、古来「暗証」と呼ばれるそれは糸の切れた凧のようなものといわねばならない。

縁起とは何だろうか。本章前半に「むしろ逆に、その答えをみつけるべく探問し続けることで、仏教の思想史は形成された、といい得るかもしれない。『縁起とは何か』をめぐって交わされた論争が仏教教理の歴史を駆動してきた、としても強ち的外れとはいえない」と書いた。そして松本史朗によれば、その営み自体が「ブッダに成る」道程なのである。

さあ一緒に、縁起を深く考える旅に踏み出すとしよう。

第二章

皮相な論争理解

――第一次縁起論争の解剖(上)

†和辻哲郎の参戦

第二章、第三章では、一九二〇年頃から三〇年頃までのおよそ一〇年にわたって、名立たる四人の学者、木村泰賢《たいけん》、宇井伯寿《はくじゅ》、赤沼智善《ちぜん》、和辻哲郎が筆鋒を交えた縁起説をめぐる論争を概観、評説する。年号でいえば、大正の終わりから昭和初期に掛けて起こった、いわば「戦前の論争」である。学者といっても仏教学者ばかりではなく、和辻哲郎のような当時最先端の西洋哲学、例えば現象学などを読み熟《こな》し自家のものとしながら、倫理学的、文化史的な関心から仏教研究に分け入った人物も加わった。

そのかみ和辻哲郎は、『古寺巡礼』や『日本精神史研究』で令名を馳せ、若くして頭角を現したオールラウンダーとして一般にも認知される存在で、その影響圏はアカデミアに留まらず文壇や芸術界にも及んだ。谷崎潤一郎、夏目漱石、志賀直哉、阿部次郎をはじめとする華麗な人脈を擁する知のスーパースターだったのだ。

和辻は一八八九年、姫路郊外の農村、砥堀《とほり》村仁豊野《にぶの》に生まれた。家業は村医者である。第一高等学校卒業後、東京帝国大学文科大学哲学科に進学し、井上哲次郎の指導を受けたが、井上とはまったく反《そ》りが合わなかった。また谷崎潤一郎、芦田均らとともに同人誌、第二次「新思潮」に参加、文学にも意を注ぐ。井上とは不和であったが、明治政府の「お雇い外国人」として東京帝国大学で西洋の哲学や古典学、美学などを講じていたラファエル・フォン・ケーベルの親炙に浴した。ケーベルに査読してもらうべく、ショーペンハウアーの厭世主義を題目とした卒業論文をわざわざ英語で認《したた》めたというから、その傾倒ぶりが窺われる。その翌年、一九一三年、和辻は『ニイチェ研究』を上木する。弱冠二四歳の処女作であった。

論争の中心の一つ、『原始仏教の実践哲学』が岩波書店から刊行されたのは、それから一四年後の一九二七年である。この間に、和辻は『偶像再興』や『古寺巡礼』などいまも読み継がれている文化史随想を出版し、先にも述べたごとく著述家、能文家として声価を得た。

『原始仏教の実践哲学』は、和辻が京都帝国大学文学部教授会に提出した学位請求論文だが、その審査には異常なほど長い時間が掛かった。一説によれば、サンスクリット学者の榊亮三郎が博士学位の授与に強く反対したのが遅延の原因とされる。彼がようやく博士号を取得できたのは、榊の退官後の一九三二年だった。

この論著による和辻の参加が、世間的には地味で専門的なものでしかない仏教教理解釈上の論争を、一般評壇や読書階層の関心事に引き上げたといっても過言ではなかろう。

本書ではこの戦前の論争を「第一次縁起論争」と呼ぶ。戦後にも、一九七〇年代後半から八〇年代初頭に掛けて、多人数が参加した縁起をめぐる論争が起こる。第四章で詳説する「第二次縁起論争」だ。この「戦後の論争」の方は専ら仏教学者によって、主に仏教専門紙を舞台に論戦が交わされ、和辻のような一般に名を振るった論客の参加もなかったため、あくまでも仏教（学）界内部の論議に留まった。

†偏見のヴェール

これより第一次縁起論争の内容を吟味していくが、その前に、この論争に関する問題の所在、本書の行論の見通しを示しておこう。

現在、第一次論争に言及する者の多くが、幾つかの強い予断を以てテクストに向かっている。例えばしばしば、論争の争点は輪廻説、業説の是非をめぐる対立であったとされる。木村、赤沼が伝統説に基づいて輪廻や業報の思想を認め、宇井、和辻がこれを否定した、という図式があたかも前提的事実であるかのように語られる。とくに和辻には、近代仏教学から輪廻や業についての考察を駆逐したという〝嫌疑〟まで掛けられている。彼の原始仏教論が学界を席巻したことを契機として、業報輪廻思想を軽視する傾向がすっかり定着したというのだ。

あるいは前章でも少し触れたように、十二支縁起の支分の配列について、宇井と和辻はそれが非時間的な論理的因果関係を示し、延《ひ》いては相依相待の関係の可能性も視野に入れたのに対し、木村はあくまでも三世にわたる継時的因果を説くものとした、と論点整理されることもある。

本書では、こうした予断に基づく通説的論争構図が悉《ことごと》く覆される。そういう誤読のノイズを取り除いた後、論争当事者たちが意識していたに違いない真の争点が浮かび上がる。さらにその先に、当事者たちも意識していなかったかもしれない各々の議論の限界が露呈する。

偏見、謬見のヴェールによって真相が覆われてきたためか、従来の第一次論争全体の評価は一様ではなかった。

†三枝充悳の評価

例えば三枝充悳は、第二次縁起論争の端緒となった「中外日報」の論説で、第一次論争は「いまになってよく考察すれば、あまり意味がない、と評されよう」と切って捨てている(一九七八年四月二七日付)。ところが『初期仏教の思想』には、原典に基づく縁起説の精密な研究の功績は「大正末から昭和初期における、すなわち一九二〇～一九四〇年代の宇井伯寿博士に帰せられよう」とある。いうまでもなくこの時期の宇井の研究は縁起論争によって触発され、刺戟を受けることで進捗した側面が大きい。だからこそ三枝も「ほぼ同時代の和辻哲郎、また赤沼智善、木村泰賢ほかの諸氏の貢献も、見逃し得ない」とも付記している。この評価の揺らぎは一体何なのか。

種明かしをすると、実はこの『初期仏教の思想』の引文、一九九五年初版の第三文明社レグルス文庫（下巻）から採ったものなのだ。一九七八年に東洋哲学研究所から発刊されたオリジナル版の相当箇所にこの文章はない。東洋哲学研究所版が第二次縁起論争が起こったのとほぼ時を同じうして出版されたという事情を勘案すれば、やはり「あまり意味がない」というのが、三枝の当時の見積りだったのだろう。

ではなぜ、三枝は一七年後に第一次縁起論争に対する評価を変えたのだろうか。この態度変更は何に由来するのか。

三枝の、第二次論争の頃の評説の底には「『縁起』説を初期仏教思想の中心に据える」学界の趨勢や一般的思潮に対する強烈な焦燥が蟠《わだかま》っている。彼にしてみれば、それが文献精査に基づく思想史的考察を欠いており、独断や偏見が横溢していて、とても学説とはいえない代物ばかりなのである。私はさらに、その苛立ちの深奥に時代の思潮に対する三枝の危機感が窺知《きち》できるように思うが、それは第四章以降に詳述する。

それにしても三枝の「縁起はブッダの悟りの内容ではない」という見解は、前章でみた

「十二支縁起は仏教の心髄」とするアルボムッレ・スマナサーラや「縁起を考え続ける人こそがブッダ（目覚めた人）」と説く松本史朗の見解とあまりに鮮やかな対照をなしていて、今日でも十分に刺戟的だ。

その三枝も後に一定の成果を認めることになる第一次縁起論争は、木村泰賢の十二支縁起の成立をめぐる論文に端を発する。この論争劇が当事者にとって悲劇だったか喜劇だったかを問わず、第一幕の主役は宇井ではなく、和辻哲郎でもなく、まして赤沼智善でもなく、紛れもなく木村であった。だから本書では、まず彼の論考の評説から始める。

†第一次縁起論争の嚆矢

木村泰賢は一八八一年、岩手県南岩手郡滝沢《たきさわ》村一本木の農家に生まれた。地元の曹洞宗の寺で得度し、曹洞宗大学林（現、駒澤大学）を経て、東京帝国大学文科大学印度哲学科に進み、高楠順次郎に学んだ。高楠は、荻原雲来、渡辺海旭、姉崎正治らとともに近現代の日本の仏教学の礎を築いた人物で、「大正新脩大蔵経」の編纂や「南伝大蔵経」の監修でも知られる。この大家に親炙し、大学を首席で卒業する。このとき次席だったのが、後に論敵となる同門の宇井伯寿であったといわれる。

三年間イギリスに留学し、博士号を取得。帰国後の一九二三年、東京帝国大学印度哲学科の教授となったが、一九三〇年、現職のまま急逝した。享年四八。

木村には博士論文執筆に際しての面白いエピソードが伝えられている。彼が論文を書き付けた用紙が横書きのレターペーパーだったのだ。博士論文『阿毘達磨の研究』は滞欧中に書き上げられたのだが、それが欧文用のレターペーパーに縦書きされていたのだという。木村はベッドに寝転がってものを書くのを好んだというから、周囲の環境や用具に関わりなく思考や作業に没頭してしまうタイプだったのかもしれない。

その木村が大正一〇年、一九二一年に著したのが『原始仏教思想論』だ。この大部の書は、いまなお仏教の大本を学ばんとする者が貴重なヒントを汲み上げることのできる甘井《かんせい》であるが、さしあたり本書が評説の主たる対象とするのは、第一次縁起論争の嚆矢となる「第二篇　事実的世界観（苦集《くじゅうに》二諦《たい》論）」（以下「事実的世界観」と略記）の第五章「特に十二縁起論について」だ。

木村はまずこの論考の第一節「はしがき」において、十二支縁起を「仏教教理上極めて重要でかつ難解」「後の大乗における重要教理中にも、これを出発点として開展したものも少なくはない」と高く評価している。ただ十二の支分の生滅が、ブッダの成道思惟のときにすでに首尾整っていたかに関しては慎重に判定を留保してもいる。

この支分の継起を縁起と名付けることについては「『縁となって生ずること』すなわち

一は他に依存して存在する関係の法則という義に解して大差なかるべしと思う。すなわち十二因縁観は老死の生ずるための条件（縁）を次第に十一と数えあげて、もってその依存関係を明らかにしようとしたところ、やがて縁起の名ある所以である」とする（「事実的世界観」第五章一節『原始仏教思想論』『木村泰賢全集　第三巻』大法輪閣）。

しかし、この縁起観はブッダの完全なる創見とはいえなかった。木村は、仏教に先行するインド思想の典籍、リグ・ヴェーダの「宇宙開闢《かいびゃく》の歌」や「ブリハッドアーラニヤカ・ウパニシャッド」、あるいはヒンドゥー教正統六派哲学の、数論派《すろん》（サーンキヤ学派）の「二十四諦説」とニヤーヤ学派の人世観、さらにはブッダと同時代のジャイナ教の「アーチャーランガ・スートラ」などを参照しながら、ブッダの縁起説に影響を与えたと思われるソースを推量する。ちなみに、この正統六派哲学の「正統」とは、あくまでヴェーダを聖典と奉じるバラモンやヒンドゥー教徒からみたオーソドキシーであって、その立場からすれば仏教やジャイナ教などは異端に他ならない。仏教はその興起期にインドの体制宗教であるバラモン教、ヒンドゥー教に叛旗を翻した批判宗教だったのだ。

そうした上で木村は、仏教の十二支縁起説の特徴は、（1）形式的に整備されている、（2）心理的、とくに認識論的条件を最も重くみた、の二点にあると判断を下す（「事実的世界観」第五章二節）。

(1)の指摘は、時代を経ているのだから整理が進むのは当然といえば当然だ。しかし(2)は非常に重大な相異であろう。有支縁起を認識の生滅のプロセス、即ち〝認識過程〟と捉える見方は、十二支縁起をブッダの内観によって得られたとする立場としては至当である。後の部派時代に成立した三世両重説など〝拡張された十二支縁起説〟には反するが、「ウダーナ」等の記述を真とみる限り、成道に向かうブッダの順次の内観の道筋を照らすものといっていいからだ。但し後論するけれども、その〝順序〟〝方向〟の問題は慎重に吟味せねばならぬ。

†識と名色の相互依存

では、木村が十二支縁起をいかなる「心理的過程」としたかをみてみよう。

木村は「最も注意すべき一経」として、サンユッタ・ニカーヤの「城邑《じょうおう》(ナガラ/p)」と題された経典の、有支縁起が説かれてある箇所を全文引用している。「都城」とも訳されるこの経の冒頭で、ブッダは自分がまだ菩薩だった頃、次のような思いを抱いた、と回想を語り、各縁起支の生起と消滅に想到したときのことを述懐している。ただしここで説かれているのは十二支縁起ではなく、十支縁起である。即ち、無明と行を欠いた「識→名色→六処→触→受→愛→取→有→生→老死」の、十の支分から成る縁起説なのだ。

しかもこの経文では「識（ヴィンニャーナ／p）」と「名色（ナーマルーパ／p／s）」の関係が相互依存になっている。つまり「識⇕名色→六処→触→受→愛→取→有→生→老死」の系列が記されているのだ。

前章でも縷述《るじゅつ》したように有支縁起は基本的に一方向の因果しか想定されておらず、二つの支分の双方向の因果性が看取できるのは稀だ。「城邑」の十支縁起説においては無明、行の支分がないため、「識⇕名色」こそが生存苦の根源なのである。では、その箇所を木村の訳出と入手し易くリーダブルな増谷文雄訳とで確認してみよう。

「その時、我にこの念起こりぬ。この識はこれをもって還帰すべきものにして、名色を超えて進まず。ただこれだけによりて（衆生は）老い、生じ、死し、再生し得べきなり。すなわち名色を縁として識あり、識を縁として名色あり、名色を縁として六入あり、六入を縁として触あり等……なり」（「事実的世界観」第五章三節）

「そこで、わたしはまたこのように考えた。〈この識はここより退く。名色を超えて進むことはない。人はその限りにおいて、老いてはまた生れ、衰えては死し、死してはまた再生するのである。つまるところ、この名色により識があるのであり、識によって名色があるのである。さらに、名色によって六処があるのである……〉」（増谷『阿含経典1』ちくま学芸文庫）

「識」と「名色」の支分の関係は相互依存であり、循環してしまうため、これ以上遡ることはできないという。従って「識⇕名色」で始まり、後は「↓六処↓触↓受↓愛↓取↓有↓生↓老死」と定向で連接するという、少し複雑な継起のかたちになっている。

またサンユッタ・ニカーヤには「城邑」同様、「識⇕名色」が説かれている別の経典がある。「蘆束《ろそく》」と題された経だが、名色と識とが相互に依存して存立している様が、寄り合いながら立っている蘆《あし》の束に喩えられている。

このように特異な扱いをされている二支分、名色と識には一体何があるのだろうか。

三世両重説の胎生学的解釈においては、この相互作用は個体の受胎と胎内での成熟のプロセスを意味するとされる。ちなみに胎生学的解釈とは「たとえば名色は、胎内での胎児の成長の五段階を表し、六処は六つの知覚機能がそろったことであるというような解釈」をいう（宮下晴輝『縁起説研究初期が残したもの』「佛教學セミナー」第一〇〇号）。

母の胎内に生まれる、あるいは生まれ変わるから「胎生」であり、輪廻における入胎とその後の発達過程についての教説である。

ディーガ・ニカーヤの第一五経「大縁方便経（大縁経、大因縁経）」やアングッタラ・ニカーヤの第三集「大品《だいぼん》」など新層に分類される初期経典には、この解釈を裏付けるような記述がみえるものの、多くの仏教学者が原始仏教の説示とは認めていない。ただ「大縁方便経」には考察に値する極めて興味深い法句がみられるので、後に触れる。

それでは「大縁方便経」の名色、識の木村の解釈をみながら、「城邑」の一節を「最も注意すべき」とした彼の「識⇕名色」観を概観しておこう。まず名色は心身の結合形態を示すという。

名色のうちの「名」は精神的要素であり、「色」は物質的要素であり、両者が結合して名色となり、「名色を離さないところに有情の成立がある」ことが強調される（「事実的世界観」第二章「有情論一般」二節『原始仏教思想論』『木村泰賢全集　第三巻』）。有情とは自らの意思に従って行為するもの、つまり人や動物などを指す。

木村はさらに名色に縁《よ》って六処が成立する機制を説く。まず名色とは――「漠然たる意味では、身（色）と心（名）とを総括した語で、いわゆる心身合成の組織を指すのである。故に六入と名色との関係は、要するに、六官の成立は身心全体の組織に依存するもので、これを離れては成立し得ないというところにある」（「事実的世界観」第五章五節）

†六処とは何か

文中の六入《ろくにゅう》、六官とは、十二支縁起にみえる「六処《ろくしょ》」の別名である。ここにおける六処は感官の内的側面を表し、具体的には眼《げん》（視覚）、耳《に》（聴覚）、鼻《び》（嗅覚）、舌《ぜつ》（味覚）、身《しん》（触覚、痛覚、圧覚、温度覚などの体性感覚）、意《い》（意思、考えや思い）の、六つの機能およびその器官を指す。「六根《ろっこん》」「六内処《ろくないしょ》」などとも呼ばれる。木村において名色は、この六処の依存する、心身の統覚を司る組織というふうに読める。

ちなみに、六処（サラーヤタナ／p）という言葉こそ使われていないが、これを指していると思われる一節が「スッタニパータ」の、中谷推定区分で古層に分類される第一章「蛇の章」にみえる。雪山に住む神霊とブッダとの問答のかたちになっていて、六処という概念の意義がよくわかるので、中村元の訳でみてみよう（「雪山に住む者」より『ブッダのことば』岩波文庫）。

「雪山に住む者という神霊がいった、『何があるとき世界は生起するのですか？　何に対して親しみ愛するのですか？　世間の人々は何ものに執著《しゅうじゃく》しており、世間の人々は何ものに悩まされているのですか？』」（一六八）

「師は答えた、『雪山に住むものよ。六つのものがあるとき世界が生起し、六つのものに対して親しみ愛し、世界は六つのものに執著しており、世界は六つのものに悩まされている。』」（一六九）

この「六つのもの」が後に術語化したのであろう。「スッタニパータ」では雪山の神霊が重ねて問うている。それによって世間が悩まされる執著とは何でしょうか、そして、その苦しみからいかにして解放されるのでしょうかと。この切実な問いに対するブッダの答えは次のようである。

「世間には五種の欲望の対象があり、意（の対象）が第六であると説き示されている。それらに対する貪欲《とんよく》を離れたならば、すなわち苦しみから解き放たれる」（一七一）

「五種の欲望の対象」とは六処の外的側面、即ち「色《しき》・声《しょう》・香《こう》・味《み》・触《そく》」に「第六」を加えたものであろう。この通釈に従うならば、「第六」は「意」の対象たる「法」となる。ここでいう「法」とは意思の対象、つまり判断や弁別、思考や記憶などの内容を指し、本書に頻出する理法や事象存立の法則の意味での「法」とは区別される。これらを合わせて六つの対境、「六境《ろっきょう》」または「六外処《ろくげしょ》」と呼ぶ。

かかる教説の眼目は「眼・耳・鼻・舌・身・意」の防護にある。つまり感覚器官や意思器官を対境（「色・声・香・味・触・法」）から防護するのだ。対象に触れても愛著しないよう、「見ながら見ない」「聞きながら聞かない」「思いながら思わない」……という状態に馴致《じゅんち》し、感官をコントロールすることが修行の目標の一つなのである。宗教学者の武内義範はこう約説している。

「日常的な人間の場合、見ることはただちにその対象を把えること、即ち快・不快の感覚をもって欲望的にこれと関係し、執着することにつらなっている。しかし感官を統制することが出来れば、感覚は『蓮葉においた露』のように、或いは『錐の尖の芥子粒』のように、執着なくあるがままにあるべくあらしめるように見ることができる」(「縁起思想」『講座仏教思想』第五巻「宗教論、真理・価値論」第二章　理想社)

これは初期仏教の「認識器官(六内処)/認識対象(対境)」の二分法に基づく修道論であり、後代の大乗仏教では、直接知覚とその対象とのあいだに言語的分節(分別)の介在を認める。初期仏教においても「識は了別することを特質とする」とされるが、これを一歩進めたかたちだ。

「スッタニパータ」第一章のこの件《くだり》では、十二支縁起のうちの六処と触(認識対象との接触)、受(苦楽等の感受)、愛(渇愛)、取(執著)の各支分の要素がすべて説かれており、さらにその還滅の道(逆観)までもが暗示されている。十二支縁起や十支縁起に整序される前のブッダの観照の実際を読み取ることのできる一節だ。

†五蘊とは何か

ついでに六処(六入)と並んで、これより本書に頻出する基本教理「五蘊《ごうん》」にも関説しておこう。五蘊は一般に色《しき》・受《じゅ》・想《そう》・行《ぎょう》・識《しき》で、人などの有情を構成する五つの要素とされる。蘊（カンダ／p、スカンダ／s）とは集合体、塊の意であり、この五つの蘊が仮に結ぼれて人（有情）なるものが出来上がる。仮設として結びつくことを仮和合《けわごう》と呼ぶ。

さらに各々の蘊を概説しておく。色蘊がマテリアルな身体、フィジカルな感覚要素を指す。受蘊は感受作用、とくに苦、楽、不苦不楽の感受を指す。想蘊は認識対象から受け取った印象や知識に基づいて観念やイメージを表象することを指す。行蘊は「何か」を能動的に行おう、形成しようとする意欲。行為への意志を指す。識蘊は個々の事物を分別し、識別する作用を指す。識蘊には認識の統括機能が認められることから、主体と捉えられる場合があるが、これはあくまで仮象、仮設に過ぎない。後代には進んで、霊我（アートマン）や魂を表すという誤った見解まで強弁されるようになったが、第一章で引用したマッジマ・ニカーヤ所収の「大愛尽経」をはじめ、初期経典にみえる仏説では完全に否定されている。

木村もこの点を踏まえて、識を「区別して知る主体」と解している（「事実的世界観」第三章「心理論」四節）。

これら五つの蘊が集まり、結ぼれることによって〝私〟が仮設される。しかし、これはあくまで仮象であって、〝私〟を実体と看做すのは錯視に他ならない。初期経典にみえる仏説では「『これは私のものである。これは私である。これは私のアートマン（我）である』と考えることはできない」と繰り返し戒められるが、この「これ」が五蘊である。もちろん五蘊以外に〝私〟の在処《ありか》はなく、五蘊も当然に〝私〟ではない。かくて五蘊無我相が説かれ、併せて蘊の一つ一つが無常であることも説かれる。

†名色＝客観、識＝主体

話を六処に戻そう。

木村の理解する名色は、六処の内的側面（眼・耳・鼻・舌・身・意）に対し、それらの要のような働きをしている心身の結合体ということになる。では名色と識の関係はどのように描かれているか。

「識も、元来、名色中の一部であるけれども、名色を認識体と取扱う限り、識はその中心たるもので、したがって名色全体の成立はこれに依存すといわねばならぬ」「この点は、あたかも家族は夫婦子供等より成立しながらも、その中心は主人にあるがごときものである。したがって反面からすれば識の成立する条件は客観としての名色あるによるもので、これを離れて識のみが独り存在するということは絶対にないことである」

この認識主体（識）と客観（名色）の不離こそが、「識⇔名色」という相互依存的関係の所以《ゆえん》であり、「前に已《すで》に引用したごとく、仏陀は識と名色との関係をあたかも蘆束の相倚《あいよ》るがごときものと説いたのも」、「識と名色との相互関係以上に進まずといったのも」、この認識論的立場からしたものであるという(「事実的世界観」第五章五節)。

すぐ後に触れるが、木村は有部の三世両重説に低い評価を下している。それ故、胎生学的解釈は採り得ないし、現に採られてはいない。しかしながら、名色が精神的要素と物質的要素の結合と位置づけられ、さらに識と名色との関係が主観と客観の相依関係として捉え返されたとき、そこにある種の〝ポジティヴな主体性〟が想定されていることに気づくだろう。問題はこの〝主体性〟なのだ。

†無明はなぜ要請されたのか

この想定は木村の無明論において一層明確な輪郭を浮かび上がらせる。「城邑」の十支縁起説には、無明と行の支分がない。もし十支縁起を十二支縁起の先行形態とみた場合、なぜに「識⇕名色」の前に、それらの因として無明と行の縁起支が要請されることになったのか。

「思うに、縁起観は仏陀の根本的世界観(むしろ人生観)であったとはいいながら、これを切りつめて種々の支節に分けて、その間の関係を厳重に辿るということは初めから確定したものではなかったようである。すなわち、その中心は、疑いもなく、識と名色との関係で、これを基礎として心理活動の種々相から有にまで進むところにあったけれども、必ずしもこれを十支または十二支と数目的に確定するのが仏陀の最初の考案でなかったのである」(『事実的世界観』第五章三節)

ここはその通りであろうと思われる。にも拘わらず、縁起もその滅も支分によって分節され、それら縁起支の生起と滅尽の連鎖系列として表現された。そして最終的に無明、行を含む十二支の縁起が完成態として説き示されたのである。

「(引用者注:サンユッタ・ニカーヤの「城邑」において)仏陀が識、名色の関係以上に進むを要しなかったのは、ここがすなわち仏陀の創見であった関係を別として、当時仏陀は専ら身心活動の現実について観察を下した関係上、現実活動の依って成立する形式的根本条件を明らかにすることを得たので、形式上、ひとまずここで終結とせられたためであろう。何となれば識と名色との関係は主観客観の関係であるから、主観あるが故に客観あり、客観あるが故に主観あり、両者の結合によって世間ありといえば、認識論上、ひとまず完成しているからである」(『事実的世界観』第五章三節)

「識⇕名色」、主観客観の相依関係に至って世界の記述は一応の完結をみた、ということだろう。だが木村によれば、ブッダはそのようにスタティックな世界理解の構図に満足しなかった。

「これすなわち、いわばカントの立場である。しかしながら、前に述べ来たったごとく、仏陀の立場は、何《いず》れかといえば、ショーペンハウエル的で、識の根柢に無明・業の意志ありというのである故、克実していえば、決して認識の主としての識のみで一切を解決することが出来ぬ。早い話が、いわゆる滅観の方からして、識滅するによって名色滅すといったところで、しからば何故に吾らはその識を滅し能わざるかと反問するならば、これ識の根柢には無始の煩悩・業あるがためであると必然的にいわねばならぬことになろう」(「事実的世界観」第五章三節)

引文中の「滅観」とは逆観のことである。木村は力説している。仏教が描き出すものは、カント的な整然とした客観的な世界像などではなく、ショーペンハウアー的な盲目的に生存を求める意志の表象としての世界であると。かくして「識⇕名色」の根源に行、さらには無明が想定されることとなる。木村はさらに一歩踏み込んで、先にみたバラモン教、ヒンドゥー教の聖典リグ・ヴェーダとの連関性も示唆している。

「況んや、前にも述べたごとく、無明―行―識の系列は梨倶吠陀の創造讃歌以来の縁起観の形式であったとすれば、背景思想の関係からしても、この系列を度外視し得ないものがあったにおいてをや」(「事実的世界観」第五章三節)

「梨倶吠陀」とはリグ・ヴェーダの音写だ。

第一次縁起論争は、上来《じょうらい》論じ来たった木村泰賢の『原始仏教思想論』「事実的世界観」第五章「特に十二縁起論について」と、次にみる宇井伯寿、和辻哲郎によるこれへの批判から始まる。既に案内したように、その論点について、現在では輪廻の当否や縁起系列の性質をめぐるものであったと看做す向きが少なくない。しかしながら、木村と宇井、和辻との最大の争点は両者の無明観の相違であったとみるべきだろう。例えば、山折哲雄は無明に照準してこの論争を捉え返している（「やせほそった『仏陀』」『近代日本人の宗教意識』岩波現代文庫）。無明に止目したのは慧眼だと思うが、この行論、やや図式的の感が否めない。学説上、思想上の同盟関係のごとくに描かれている宇井と和辻のあいだにも、十二支縁起観等に関する小さからぬ差異がみられるが、山折をはじめ多くの論者がこの点を捨象し、例えば山折ならば「カントのアポロ的な理性重視（宇井、和辻）」対「ショーペンハウエルのディオニソス的な意志重視（木村）」という、呆れるほど明快な相論の構図に還元してしまう。宇井と和辻の縁起観の異同については次章で論じよう。

論争の最重要の軸が、木村の無明論、その本質としての意志論、そして意志によって駆動される生命観にあったことは疑い得ないものと思われる。少なくとも論争前段においては、他の争点、例えば縁起理解や輪廻説への諾否をめぐる対立はそれほど大きなものではなく、論所の中核にはなっていない。

先述の通り、木村は三世両重の縁起説をブッダの第一義的主張でないとしている。「その解釈は必ずしも仏陀の大精神を得たものではないとしても、やはり、その拠るところがあるものと見ねばならぬ。吾人の知れる限り、古い聖典中には縁起支の全部を挙げて、三世または二世に配当して説いたところがないけれども、またその萌芽と見るべきものがないでもない」（「事実的世界観」第五章七節）とマッジマ・ニカーヤの経説を引いた後に、「しかしながら、これを仏陀の立場からすれば、かかる解釈は、仏陀のとった極めて通俗的方面を捕えてのことであって、断じてその第一義的主張でないことは、飽くまでも忘れてはならぬ」と釘を刺している（木村　前掲書）。

剰《あまつさ》え縁起説と輪廻の関わりを扱っても「縁起観の主なる目的は、後に大いに高唱されたごとく、二世一重とか三世両重とかいうがごとき、いわゆる分段生死の規定を明らかにしようとしたよりは、むしろいわゆる刹那生滅の法則を明らかにしようとするところにあったと見るべきである」としている（「事実的世界観」第五章六節）。生死をクリティカルポイントとし、六道を経《へ》巡《めぐ》るがごとき輪廻を説くことに原始仏教の主意があったわけではない、と論じている。

そして宇井もまたこう述べているのだ。

「三世両重の十二因縁説は原始仏教の時期にもまた根本仏教の時期にもいわれなかった解釈であるといわねばならぬ。即ちこの解釈は全く後世の論蔵家の考え出したものに過ぎぬのである」（「十二因縁の解釈─縁起説の意義」一節『印度哲學研究　第二』岩波書店　以下「因縁の解釈」と略記）。

否定の仕方、強度にこそ相違がみられるものの、両者ともに輪廻を前提とする三世両重の縁起説を斥けている点では共通する。

宮下晴輝《せいき》は、両者を対比して次のように論評している（『縁起説研究初期が残したもの』前掲）。まず宇井の三世両重説評価について。

「輪廻的な説明としての縁起説は『後世の論蔵家の考え出したもの』であること、そしてそれは阿含経典の教説の中に後世の解釈が入り込んだものであって、そこから『原始的意味』を取り出さねばならないと考えていることなどがわかる」

そして木村の評価については「木村はこれを『仏陀のとったきわめて通俗的なもの』と言っていて、両者の間に阿含の教説に向かう態度の異なりがすでに現われているが、木村と宇井の両者ともが直面していた問題は同じであった」と評し、両者の立場の親近性を炙り出している（宮下　前掲論文）。

他方、末木文美士《すえきふみひこ》は次にように約説する。

「和辻を含めて原始仏教の縁起の近代的解釈は、輪廻に関して極めて否定的な立場を取る。三世両重の縁起のような解釈は、後世の捏造であり、原始仏教とは関わりないものと見る。和辻はこのような見方の先鋭ともいうべき立場を表明し、輪廻を重視する木村泰賢らに食ってかかる」(「和辻哲郎の原始仏教論」『近代日本と仏教　近代日本の思想・再考Ⅱ』トランスビュー)

だが初期仏教の、輪廻を組み込んだ伝統説を「重視」しているのは赤沼智善であって、木村ではない。木村は赤沼を伝統墨守主義者として批判すらしているのだ。

末木は、宮下晴輝の論文が発表されたにもかかわらず、近著でも第一次論争をこう概観している。

「木村はなお伝統的な教学の立場を維持し、そこから、より近代的な立場に立とうとする宇井伯寿・和辻哲郎らと縁起解釈をめぐる論争が行なわれることになった(山折、二〇〇七)。木村は、いわゆる三世両重の因縁の立場に立ち、十二縁起は過去世・現在世・未来世の三世にわたる因果関係を述べたものだと解した。また、無明を盲目的な意志とみるように心理的な解釈を行なった。それに対して、宇井と和辻は、十二縁起は時間的な三世の関係を説くものではなく、苦の生ずる論理的な因果関係を説いたものだと解し、また、無明に関しては知的な無知と解して、木村を批判した」(『思想としての近代仏教』Ⅳ「仏教研究方法論と研究史」三節「仏教学の展開」中公選書)

山折説に依拠したこの総括は誤りである。『原始仏教思想論』を精読すればすぐにわかることだが、木村は、十二支縁起について、これは必ずしも時間的因果の考察ではなく、没時間的な依存関係として説かれる場合が大部分だと明言している(一二二―一二三頁の引用文参照)。「論理的な因果関係」どころか同時的な相依関係を考定しているのだ。また上引のごとく、十二支縁起の三世両重説による解釈を重要視していない。三世両重説の「萌芽」がニカーヤのなかにみえるものの、それはブッダの通俗的な説法に過ぎなかった、と想定する。

一方で宇井は、後代の教説をニカーヤの記述のなかに読み取ったものだと述べている。確かに違っているがその差は微妙だ。さらにいえば、すぐ後に論じるが、和辻は凡夫の輪廻を否定していない。

†木村仏教学の「近代性」

また、木村は『原始仏教思想論』「第一篇　大綱論」の第三節において、梵天や悪魔といった、ニカーヤに頻繁に登場する超自然的な主体の実在も否定している。梵天に関しては「いたずらに実なき名称に憬《あこが》れるのは、あたかも空想の女に恋するがごときもの」という経典のブッダの言を引いて斥け、悪魔に関しては「要するに修道の障礙となるものを、当時の俗信仰に擬《なぞら》えて名づけたもの」に過ぎぬと断じている。

また同書で地獄、畜生、餓鬼、阿修羅、人、天から成る輪廻の六道について、「要するに人間と畜生とを除いては、凡《すべ》て神話的存在」と認めている（「事実的世界観」第四章六節）。極めて「近代的」な解釈といえよう。

輪廻説肯定の色が一層強まった著作においてすら、木村は「仏陀は当時世に行なわれていた世界観を採用して須弥山を説き、南閻浮洲《なんえんぶしゅう》説に触れ、地獄、鬼神のことに言及する等、やはり、何程かは事実問題に触れたが、これがすなわち仏教における事実世界に対する観察の起源である。しかも断片的ではあるけれども、それらの記載は已に最も古い経典と信ぜられるものの中にも、かなりに多く散在しているのである。不幸にして吾らはその一々に対して何の時代に何の方面で行なわれた世界観を採用したものであるかは確かめることが出来ぬけれども、ともかく、仏時代前後に或る地方で行なわれたものを仏陀は説明の便宜上、採用したものであるということだけは疑うことが出来ぬ」と慎重に留保しているのだ（『小乗仏教思想論』大法輪閣）。

この引文の前段の「事実問題」とは価値論に対して使われた用語であり、具体的な「事実的世界の問題」という意味だ。決してブッダが「須弥山《しゅみせん》」（世界の中心に聳える伝説上の聖なる山）や「南閻浮洲」（南に位置するとされる、伝説上の大陸）、「地獄」「鬼神」を実在するものと信じ、教理の中心に据えて説いたというわけではないという。本来のブッダの目的はもっと普遍的な価値の問題について語ることだったが、広く教えを伝えるためにはこのような具象的な「事実問題」にも言及せざるを得なかった。そこで当時、インド各地に流布していた世界観を「採用した」が、それはあくまで「便宜上」のことに過ぎなかった、という趣意である。

ただし、木村は議論が熟してくると、宇井、和辻の立論への対抗のためか、三世両重説、延《ひ》いては輪廻説についての態度を少しく変更し、肯定の論調を前景に押し出すようになる。ただそこでも、ブッダにとって「三世に渉る輪廻の相状を説くのが、最初より主要関心事でなかったという主張に関する限り、私も宇井、和辻両氏の主張に賛成するものである」と表明し（「原始仏教における縁起観の開展――（特に赤沼、宇井、和辻諸教授の説を読んで）――」上『原始仏教思想論』なお「原始仏教における縁起観の開展」は、以下「縁起観の開展」と略す）、また「仏陀は飽くまで現実尊重主義者で解脱も涅槃も、『現法において証知し実現して遊履する』のを目的とされたものであるから、後世のごとくに、三世に渉る輪廻論自身の説明に力を致さなかったことは疑うことのできぬ事実である」との留保を付けている点は看過できない（「縁起観の開展」下『原始仏教思想論』）。

†赤沼智善の「伝統説」

さらに付言すれば、第一次縁起論争において、木村よりも伝統教理に近い立場を採り、輪廻を前提とした縁起説を祖述したとされる赤沼智善すら、輪廻について次のような見解を述べている。

「輪廻に関しては、雑尼柯耶一五・一―二〇に種々の記事があるが、ことごとく、『生死に始なく、苦の本際を知らぬ』ということを示したものに外ならぬ。人生の苦悩を痛感するものに、久遠の過去があるということは、心理的に根拠があり、また未来を予想することは、人生を信じ、人生に対して積極的態度を取るものの当然の帰結であろう。この意味に於いて、輪廻の無窮なることを語るは意義があるが、それが客観的事実であるということを意味しない。従って釈尊の輪廻は、決して梵書以来の輪廻に同じいものではない。従って輪廻も精神的な輪廻感であると共に、地獄や三界説も、釈尊にとっては精神的意義のものであることは疑ない」（「阿含經講話」第六章六節『原始佛教之研究』所収　法藏館）

文中の「尼柯耶」とはニカーヤの音写。「雑尼柯耶」はサンユッタ・ニカーヤのことだ。赤沼は「輪廻に関する記事は、釈尊にもあり得たが、これは実在的の意味に於いてではな

かった、と見なければならない」とまで述べ、節の結語としている（赤沼　前掲書）
同著者の『佛教教理之研究』所収の「佛教概論」中にも「仏陀にあっては、其の教説が一般民衆に対する誘導の意味と、それに輪廻観とも云うべき一種の人生観の深味を意味するものであって、梵書以来の印度伝統の実在的客観的事実としての輪廻の信仰でない事は明白な事であると思う。業が未来の生を規定し、未来の生を画き出すと云う過境的超経験的神秘的な意味は、仏陀に無かったといわねばならない」の一節が確認できる（「佛教概論」第一章　四聖諦『佛教教理之研究』所収　法蔵館）

†和辻哲郎は輪廻説を否定していない

では和辻哲郎はどうか。本当に原始仏教は「三世に渉る輪廻の相状」を積極的に説くものではなかった、と主張しているだろうか。『原始仏教の実践哲学』には、先にみた末木文美士のように、和辻を輪廻否定論者として固定したがっている人々が読み落としてしまいがちな一節がみえる。

「たとえば地獄の獄鬼は人間と同じく五蘊所生《ごうんしょしょう》であり、あるいは名色であると見てさしつかえはない。しかしそれゆえにまたそれは無明の立場においてのみ有るものに過ぎぬ。業による輪廻転生は、輪廻の主体たる我が現実的であるごとく現実的であり、我が無であるごとく無である。従って無我の立場においては輪廻はない。無我の真理が体現されれば輪廻は消失する」(『原始仏教の実践哲学』、以下「実践哲学」と略記す。「第三章道諦　第四節」『和辻哲郎全集　第五巻』所収　岩波書店)

「五蘊所生」とは五蘊によって生じたるもの、ぐらいの意だ。小谷信千代は、和辻哲郎の縁起観を批判する論文の冒頭で「『迷える者には輪廻があり、迷いを離れた者には輪廻はない』とするのが仏教の立場であること即ち釈尊の教えである」とする櫻部建の見解を引いて、「縁起説を輪廻説と切り離し、輪廻説を釈尊の仏教から排除し、その影響を今日にまで及ぼしたのは」和辻の「実践哲学」であると断じている(『和辻博士の縁起説理解を問う――釈尊の輪廻説と縁起説――』「佛教學セミナー」第七六号)。だが、この理解は正しくない。まさしくいま引用したその箇所において、和辻は「迷える者には輪廻があり、迷いを離れた者には輪廻はない」ことを説いているではないか。

哲学者の松尾宣昭はこの一節を「木村が書いていても全くおかしくない」と評している(『「輪廻転生」考(一)』「龍谷大学論集」第469号)。和辻は明らかに世俗において、凡夫、迷える者の経験世界には輪廻はある、といっているのだ。そして無我の真理を「体現」した者に輪廻はない。この一節から和辻が矛盾を見出したのはあくまでも〝勝義の無我と世俗の輪廻とが共存できるという主張〟だったことが窺える。

それにしても、和辻のいう「体現」とはどういうものなのだろうか。この問いは、各々の無明論を検討する際、再び発することになる。

和辻は、初期経典に最も頻繁に現れる輪廻思想を「悪業のゆえに人は死後地獄に生じ、あるいは畜生と生まれ、あるいは、人間となる場合にも、短命、下賤、醜悪などの応報をうけ、善業をつめば死後天に生じ、あるいは人間となっても長命、高貴、美妙などの応報をうける、という思想である」と認定している（「実践哲学」「第三章四節」）。

†木村泰賢の「輪廻説ならざる輪廻説」

然るに木村泰賢の語る業論や輪廻説はそのようなものではない。「第四階」に属する「生命の当体」が「性格づけられた意志」として存続し、その「性格」に応じて再び自己を創造する、というのである。和辻によって整理された木村の業報輪廻論をみてみよう。「ここに性格と言わるるのは『意志の習慣づけられた性格』『生命が自己創造を営む時の内的規定』としての業であるが、この業は『その本質が創造力を有する意志の隠れたる性格にほかならぬ』ゆえに『その自らの力によって未来を創造する』ものであり、『絶えず変化しながら従前の経験を自己に収めて、そを原動力として進むの創造的進化そのものである。』ここに我々は生きんとする意志自身が創造的であるに従ってその意志に刻みつけ

られたる『性格』もまた創造的であり変化的であるとの主張を見いだす」（和辻　前掲書）

けれども、これは木村の主張であって、初期仏教の輪廻観、業論ではない。初期仏教のそれは先に挙げたように、悪業を積めば死後地獄に生まれ、善業を積めば死後天に生じるような、至ってシンプルなものだ。和辻は木村の逸脱を批判する。

「我々はかくのごとき輪廻説ならざる輪廻説を理解し得ぬ。が、かかる解釈の不可解よりもさらに重要なことは、右の解釈において『ブッダに従えば』というごとき言葉が繰り返されているにかかわらず、阿含の経典自身のうちにその証拠を見いだし難いことである。経典に現われた輪廻思想は決して右のごとき難解なものではない」（傍点引用者、和辻　前掲書）

和辻は、木村のように「第四階（"the fourth dimension"）」＝第四次元などというタームまで使って、輪廻を現代的に会釈《えしやく》しようとはしていない。輪廻は凡夫の素朴な視座、「自然的立場」においては「ある」のであり、地獄も天も「我が現実的であるごとく現実的であり、我が無であるごとく無」なのである。

木村と和辻のどちらが、伝統的な業報輪廻説に則しているか。あるいは「実践哲学」にはこうも述べてある。

「眼前の感覚的対象と、想像の所産たる神話的対象とは、五蘊あるいは六入によって有る

限りにおいては、資格を異にするものではない」（和辻　前掲書）
我々が想像的に経験する地獄や餓鬼、天界や修羅といった輪廻の趣は、現実性、具象性において直接的に経験する〝この現実〟と何ら違いはない、というのだ。両者ともに縁起の所産であるからに他ならぬ。この現世もその地獄も〝この私〟にとっては同じ現実なのだ。従って、和辻が「縁起説を輪廻説と切り離した」とする評言は的を外しているといわねばならない。

†和辻が斥けたもの

繰り返すが和辻は、先にみたように、木村泰賢が『原始仏教思想論』で梵天や悪魔のごとき「神話的対象」の実在性を否認したような仕方では輪廻を否定していない。彼は「無我五蘊縁起の立場は、自然科学的認識が霊魂や他界を斥けたごとくにこれらを斥けたのではない」（和辻　前掲書）と明記している。「常識におもねって輪廻を否定し、倫理などだけに仏教を限定する和辻哲郎のような近代解釈」というような裁断はあまりに不当といえよう（中沢中《みつる》『『入中論自註』評釈」『全訳　チャンドラキールティ　入中論』所収　起心書房）。あえていうならば、例えば無我の教説の意義を世俗倫理に「限定」しようとしたのは木村の方である（後述）。

清水俊史の『阿毘達磨仏教における業論の研究』（大蔵出版）にも、和辻が「実践哲学」の中で「たとえそれが経典の中に説かれていたとしても業報輪廻は原始仏教の実践哲学に属していないと主張した」とあり、これが「業の思想も取るに足らない神話・迷信の一つである」と軽視する近代仏教学の傾動に拍車を掛けたと帰責されている（清水「序論」）。

だが和辻は、業報輪廻をそのようなかたちで斥けてはいない。清水が参照した箇所においてもはっきりと「我々は業による輪廻の思想が『仏教』に属するものでないと言うのではない。それは阿含の経典の示すごとく明らかに原始仏教の中に取り入れられている。我々の主張するのはこの思想が原始仏教に特有のものでないこと、及びそれが原始仏教特有の実践哲学に属せざることである」（傍点引用者、「実践哲学」「第三章道諦 第五節」）

和辻にとって、業報思想が四諦のような仏教の根本的立場ではないことは明白だ。しかし、それを「神話・迷信」の類とみて仏教から放逐してしまうことはあり得ない。清水ほど文献の緻密な読解に長けた研究者がなぜ、和辻がわざわざ念入りに注意を促した「特有の」という留保を無視できたのだろうか。

論理面からみても、もし原始仏教の実践思想から業報輪廻を排除したりすれば、和辻のいう「自然的立場」の世界、凡夫の立場における世間が成り立たなくなってしまうではないか。例えば、「実践哲学」初版刊行の前年まで（一九二五年、一九二六年）京都帝国大学で和辻が行った講義の草稿とされる『仏教倫理思想史』にはこうある。

「凡夫の立場すなわち自然的立場においては、我があって世界に対している。その世界は空間的にひろがり、時間的に移って行くものである。我は直接にその世界を見、経験する。が、直接に経験しない範囲にまでもその世界が空間時間の上でひろがっていることを知っている。なおその世界は『物の世界』であるばかりでなく、美醜、快苦、善悪のごとき価値の性質を帯び、また実用的な意味を担った世界である。その中で我は認識し感じ意欲し、現実的な世界を生きて行く」（「第一篇第一章　無我の立場」『和辻哲郎全集　第十九巻』所収）

かかる「自然的な立場」に立ったとき、輪廻や業報は「現実的な世界」の実在に他ならぬ。

「眼前の感覚的対象と、空想の所産たる神話的対象とは、無我の立場においては五蘊所成として同等の権利を持つのである。したがって現世に対する地獄あるいは天上は、空想の所産として生ける力を持つかぎり、現世と同等の実在性を持つ。自己の肉体と霊魂、霊魂の他界への流転等も同様である。ただこれらがすべて究極においては無明に条件づけらるるもの、すなわち自然的立場においてのみ成立するものであり、その根拠は存せぬとするところに無我、縁起の立場がある。だから業による輪廻は『我』が現実的であるごとくに現実的であり、『我』が無根拠であるごとくに無根拠である」（「第一篇第三章　道徳の根拠

づけ」前掲書）

重説するが、彼が斥けたのは業報輪廻そのものではなく、木村泰賢が唱えたような「無我の立場における輪廻という不可解の解釈」（和辻　前掲書）に限られていたのだ。

†木村の「無我」観

木村泰賢はかかる和辻の無我観を承認し得るのだろうか。先にみた一節は、本当に「木村が書いていても全くおかしくない」のだろうか。木村の無我論は流動性に重きが置かれ、専ら固定性の否定が強調されている。而して、凡夫はその流動的無我を有我と実覚し、執著するのである。木村の無我は、和辻の「我が現実的であるごとく現実的であり、我が無であるごとく無である」といったものとはまったく異なる。輪廻や業の駆動因という観点からすれば、木村の説く無我はむしろ凡夫の有我と認定されるべき事象だろう。

木村の有我論肯定の色《いろ》は『小乗仏教思想論』『大乗仏教思想論』に進むにつれていよいよ明瞭になっていくが、『原始仏教思想論』の段階でもその萌蘖《ほうげつ》がみられる。部派の一部や大乗仏教の唯識派など仏教内部に「種々の有我論の主張を生じたのもまた怪しむに足らぬところである」という。

「彼らはいずれも無明または欲（taṇhā）を基礎として生命を考察するによって右のごと

き結論に達したものであって、しかも、少なくも吾人の解する限り、彼らの主張は、余りに機械的観察に拘泥した上座部の主張よりも却って仏陀の真意に近いものがある」（「事実的世界観」第二章「有情論一般」四節）

「理論的に仏陀の生命観を推しつめる限り、遂に、前に述べたごとき、一種の有我論的結論に達せねばならぬということを忘れてはならぬ」（木村　前掲書）

その一方で木村は、仏陀が無我説を強く主張したのは、主に人格的向上といういわば倫理的、実践的な理由だった、とすら推しているのだ（一六六頁の引用文参照）。「常識におもねって輪廻を否定し、倫理などだけに仏教を限定する」近代解釈を採ったという非難が妥当し得るのは果たして和辻哲郎だろうか。それとも木村泰賢か。

†似通う木村と宇井の縁起観

話線を戻そう。実は十二支縁起の解釈法においても、木村と宇井の差異はそれほど分明ではなく、似通うところも少なくない。例えば、十二支縁起の「観察」の過程について、老死の生起に関する問い（「私は何故老い、死ぬのか」）から始まり、原因を辿っていって無明という根源因に行き着く省察を木村は「往観《おうかん》」と呼ぶ。この因果関係を根本原因へと遡上する配列は「老死↓生↓有↓取↓愛↓受↓触↓六処↓名色↓識↓行↓無明」となる。宇井伯寿もまたこの内観の過程を「自然的順序」と呼んでいる。

　そして無明を根源因と見極めた後、改めて無明から順次、因果関係を辿って、老死にまで至る過程を木村は「還観《げんかん》」、宇井は「逆的順序」と呼んでいる。「還観」「逆的順序」は、本書でいままでみてきた「無明↓行↓識↓名色↓六処↓触↓受↓愛↓取↓有↓生↓老死」の配列の十二支縁起だ。

　つまり十二支縁起に代表される支分の多い有支縁起の説き方には四つのパターンが看取できるということだ。そのうちの二つ、「順観／逆観」は縁起支の生起と消滅を示している。あとの二つ、「往観（自然的順序）／還観（逆的順序）」は縁起支の連接の方向性、つまり帰結から一つ一つ、根源因へ因果を遡っていく方向と、根源因から帰結への因果を順次辿る方向とを示すものだ。後者の二つのパターンについて、本書の〝地の文〟では、往観、還観という木村の呼称を採用する。

　三枝充悳は、往観を「心理過程をそのまま自然に辿る」経路とし、還観を「前者を反省し論理化した」経路、「少くとも前者から導かれた表現」であると整理している（『縁起の考察——idappaccayatā から pratītyasamutpāda へ——』「印度學佛教學研究」第六巻第二号）。

　これはとても見易い推定で、確かに初発の問いは「無明とは何か」といった観念的なものではなく、「なぜに老死があるのか」という切迫した、あたかも肉感を伴うがごとき苦についてであったはずだ。木村泰賢も「もちろん原始仏教の精神からすれば、その重きのあったのは、いずれかといえば往観の方で、還観の方は要するにその論理的帰結に過ぎなかったことは、縁起に関する諸経文の説き方に徴して疑うことが出来ぬ」としている(『事実的世界観』第五章四節)。

往観では、老死の原因を探っていった結果、無明という元凶が突き止められる、という経路が描出される。この自然な思索のプロセスが、教理の整備が進むなかで、無明から説き起こし、因果を順次辿って老死に至るという還観の配列に組み替えられ、前章でみた「ウダーナ」などの初期経典に記載されている「還観―順観」「還観―逆観」の組合せの十二支縁起が成立した。

†忘れられた十二支縁起の初発

ところが現在、十二支縁起が概説されるほとんどの場合、還観のみが取り上げられる。往観に説明が及ぶことはまずない。

おそらく「ウダーナ」「大品《だいぼん》」等の成道の記実に沿った結果なのだろうが、逆に、例えば縁起の理解の浅い仏弟子、アーナンダに、ブッダが「縁って起こる」ということの真義を往観の手順で懇切に教える「大縁方便経」などの説明は現在ではあまり顧みられないということだ。この経の語り口を瞥見しておこう。

「『なにか特定のものを成立条件（縁）とすることによって老いること・死ぬこと（老死）があるのだろうか』と、もしそう問われたならば、アーナンダよ、『〔それはそのように〕ある』と答えるべきである。『なにを成立条件として老いること、死ぬことがあるのだろうか』と、もしそうたずねられたなら、『生まれること（生）を成立条件として、老いること・死ぬことがある』と答えるべきである」（「生成の由来についての大なる経――大縁方便経」『原始仏典第二巻　長部経典Ⅱ』春秋社）

還観のように根本原因（十二支縁起ならば無明）から順を追って説明をしていくのではなく、「老いること、死ぬことはなぜあるのか」という問いが起点になっている。もっといえば「何故、私達は老いさらばえてしまうのか。そして死なねばならないのか」という切実な実存の問いからブッダの内観、省察が始まっていることがわかる。

そうして逐次、同様の問いを繰り返しながら、根本原因に至る。この経は九支縁起を説くので、以下、生（生まれること）、生存（有）、執著（取）、渇愛（愛）、感受（受）、接触（触）、名称と形態（名色）、識別作用（識）の八つの支分について同じパターンの教示が繰り返される。これが「往観―順観」の組合せの典型的な例である。

なお相応部経典の因縁相応の第一章では、まず「ウダーナ」などと同様に、十二支縁起の各支分の生起（順観）と各支分の滅（逆観）が、還観によって説かれる。しかも特徴的なことに、順観がはっきりと「邪な道程」とされ、逆観は「正しい道程」と規定されている。それ故、この記述には総説的な意義が読み取れる。

続いて、過去のブッダたち――毘婆尸仏（ヴィパッシン）、尸棄仏（シキ）、毘舎浮仏（ヴェッサブー）、倶留孫仏（カクサンダ）、倶那含牟尼仏（コーナーガマ）、迦葉仏（カッサパ）――の成道故事として、今度は往観で、十二支の生起（順観）と十二支の滅（逆観）とが語られていく。そして最後に、釈迦自身、ゴータマ仏自身の十二支縁起による成道が過去仏と同様、往観で順観、逆観の縁起の観取が述懐されるのである。「大釈迦牟尼瞿曇《くどん》」と題されたこの経の語り口もみておこう。

「比丘たちよ、そのときわたしは考えた。『何があるとき、老死があるのか。何を縁（条件）として老死があるのか』と。比丘たちよ、そのとき、わたしに正しい考察と智慧とによって明らかな洞察が生じた。『生（誕生）があるとき老死がある。生を縁として老死があるのか』と。

比丘たちよ、そのときわたしは考えた。『何があるとき、生があるのか。何を縁として生があるのか』と。比丘たちよ、そのとき、わたしに正しい考察と智慧とによって明らかな洞察が生じた。『有（生存）があるとき生がある。有を縁として生がある』と」（「偉大な

釈迦族の牟尼であるゴータマ仏」『原始仏典Ⅱ　相応部経典【第二巻】』春秋社）

†十二支縁起の四つの説かれ方

無明という根本原因から始まり、順次、縁起支の生起と滅尽を説義する「順観or逆観」のパターンと、老死への問いから始めて無明という根源因に至るか、無明から順次因縁を辿って老死に至るか、の「往観or還観」の組合せのパターンを整理すると、十二支縁起などの支分の多い縁起の説かれ方には、論理的には以下の四通りのカップリングが考えられる。

（a）往観―順観（何を縁として老死があるか。生を縁として老死がある。何を縁として生があるか。有を縁として生がある……）

（b）往観―逆観（何に縁って老死の滅があるか。生に縁って老死の滅がある。何に縁って生の滅があるか。有の滅に縁って生の滅がある……）

（c）還観―順観（無明を縁として行がある。行を縁として識がある。識を縁として名色がある……）

（d）還観―逆観（無明の滅に縁って行の滅がある。行の滅に縁って識の滅がある。識の滅に縁って名色の滅がある……）

三枝充悳は往観の縁起が取り上げられなくなった理由として、「複数の方向を一方向に限定する」ことで、「法」と「法の法」とを区別した、と推定している。ここでいう「法」とは無明や老死などの各支分の存在性質であり、「法の法」とは縁起の法則そのものである。

「各支の『法』は、それぞれの関係づけを、そしてその序列を、即ち、系列化を指名する、同時に、その系列は、各支を強制して位置づける——この系列化は単なる羅列ではない——。そのようなありかたとしての支縁起〈説〉は、まさしく『法の法』ということができる」（『縁起の考察——idappaccayatā から pratītyasamutpāda へ——』前掲）。

†「法」と「法の法」

三枝は「法の法」と「法」との関係を、近代法体系における憲法と法律との位置づけに擬している。憲法は、例えば民法や刑法のような下位の「法律」に対してメタレヴェルにある。つまり上位審級にあって、それらの法を統制するが、憲法もまた法の一種に他ならない。この階層性が仏教における「法の法」と「法」の関係に似ているというのだ。

この「法」と「法の法」という二階層の法の想定は、和辻哲郎によって説かれた「二層の法」論に似通う。この「法」の階層性については第三章で詳論する。
「各支の『法』（A）と、縁起の『法の法』＝『法』（B）との、AとBとを、如何に区別したらよいのか」「そこで、『法の法』がなるべく『法』に接近しないように、上述のAとBとを異なってkategorisierenする一つの手段として、複数の方向を一方向に限定することが考えられる」（三枝　前掲論文）
kategorisieren（カテゴリジーレン）というドイツ語は「範疇化する」の意。英語ではカテゴライズだ。その範疇化の結果として、往観（自然的順序）と還観（逆的順序）のうち、理論化の所産である還観が選ばれ、さらには逆観よりも順観が重視されるようになったというのである。
「経蔵の編纂から、やがてアビダルマ仏教への進行に見られる・所与の伝誦の論理化と規定され得る志向に迎えいれられて、その結果として、往観と還観とのうち、論理化の所産である還観が置かれ、そして同じようにして、生観が据えられた」（引用者注：三枝のいう「生観」は本書における「順観」である。三枝　前掲論文）

†往観と還観の異同

しかし、往観と還観はどこが異なるのであろうか。十二支縁起を省察の継時的なプロセスと措定し、かつその時間が内観の進行に沿うものと認めるならば、往観こそが原型といえるだろう。その場合、還観は観察の結果、事後に得られた理論的な縁起説ということになる。

往観と還観は時系列的な方向こそ逆向きにみえるが、原因—結果、条件—被条件の論理的な因果列は同一である。往観において、例えば「老死はなぜあるのか」、「執著はどうして生起するのか」という提題が先にあっても、あくまで答えは「生を原因として老死がある」、「渇愛の生起を原因として執著が生起する」のであり、還観の場合と変わらない。因果の定向性に関して往観と還観とはまったく同じである。もちろん十二支の系列をブッダの内省の進程としてトレースするには往観の方が「自然的」であろうが、論理的帰結は同じだ。

ただ反省的に整序された、無明から始まり老死に終わる還観（逆的順序）では、そもそもブッダの求道の動機で、かつ仏教の最重要の課題が老死の苦の超克にあった、という中心点がぼやけてしまう。宇井伯寿も「十二因縁と輪廻とが結合するに至ったのは所謂逆的順序のものが出でて以後のことであるのは明らかであると考えらるる」と記しているが（「因縁の解釈」六節）、先にみた「大縁方便経」では、輪廻を前提としつつ往観が説かれている。ただ、同じように「生を原因として老死がある」を語るとしても、まず「何故に老死の苦はあるのか」と自問し、「生まれ、生きているから老いること、死ぬことがあるのだな」と自答するのと、端から定理のように「生を成立条件として老死というものがある」と示されるのとでは生に対する危機意識が違う。

そして往観が廃《すた》れていったところに、後代、三世両重説のような輪廻によって説明される縁起説が成立する余地が生じてしまった。剰え、宮下晴輝は次の事実を指摘している。

「縁起の輪廻的説明が見られるのは、順観の場合がほとんどであるといってよい。順観は、苦の因の観察を主題とする逆観の単なる論理的帰結であるはずなのに、そこに時間的因果関係による説明が入り込む余地がある」(「縁起説研究初期が残したもの」上掲)

つまり概括すれば、前出のパターンの「(b)往観—逆観」から「(c)還観—順観」が導かれたことになる。

さらに武内義範はこう書いている。

「従来の伝統的解釈は、これを阿毘達磨の十二因縁論に従って解した結果、この縁起説の真理を宗教的自覚の表現として主体的に捉えることが出来なかった。それとは反対にこの解釈は、縁起説とは人間の苦悩が如何にして生ずるかを客観的に説明するものとして理解していた」「一般的に言えばこの様な所謂『三世両重』の縁起説の理解には、順観の方に重点が置かれ、根拠と根拠付けられるものとの間の縁起支の関係を、原因・結果の時間的

生起のそれであるとしている」(『縁起説に於ける相依性の問題』「京都大學文學部研究紀要」通号四)

†木村による論争整理

こうした諸考察を踏まえれば、木村と宇井の縁起観は伝統的な順観、逆観の別のみならず、さらに往観の系列と還観の系列とを二分して捉える点でそれぞれ特徴的であり、かつ似通っているといえる。

この二人の釈義は最終的に順観、逆観の十二支縁起説の理解にも反映されている。前章でもみた通り、これを専ら定向的な、不可逆の時間的因果関係を表していると取るのか、あるいは論理的な因果関係か、それとも空間的な相依関係を表していると解するのか、というのが大きな論点とされてきた。

従来の一般的な論評では、木村泰賢が前者を論白し、これに対し宇井伯寿が後者の立場に依って、間接的に木村を批判し、また和辻哲郎が名指してあからさまに論難し、さらに木村が宇井、和辻に反駁し、前者の見解をさらに前面に押し出して切論する……というのが一連の争論の流れと認知されている。これは『原始仏教思想論』に附録されている木村泰賢自身による反論文「縁起観の開展」の「上・近時の縁起観とその得失」に提示されている論判の見取図に沿った整理だ。

けれども、少なくとも木村の「事実的世界観」と宇井の「因縁の解釈」の段階において、この主題が際立っているわけではない。

†十二支の「大部分は同時的依存関係」

木村は老死を出発点とする「大縁方便経」に依拠して、往観の順で十二個の支分の解釈を一つ一つ示していく。但し先にも指摘したごとく、同経のパーリ語原典で説かれているのは九支縁起であり、「無明、行の二支を欠き、六入を触に摂している」。無明と行の二支がなく、六処が触に吸収されている。そこで木村は、十二の支分の完備している漢訳の中阿含経「大因経」を頼りに釈義を進めていく。それは例えば次のような具合だ。

「(1) 老死 (jarā-maraṇa)、老死憂悲苦悩は人生の免れることの出来ぬ運命である。これは何によって然るか。これすなわち観察の出発点である。

(2) 生 (jāti)、吾らに老死等の苦悩あるは所詮生まれたからである。生まれなかったならば、苦悩も憂悲もなかったのであるとは、すなわち老死の条件として次に生の来る所以である。

しからば、何故に吾らに生まれるということがあるか。ここからすなわち真の縁起的観察が始まる。

……………………………………

単にこれのみでは、要するに、ただ現実の説明に過ぎぬ。その何故に生死無窮なるかを明らかにし得ないのみならず、生命の本質の認識よりは、むしろ意志にあるという仏陀の根本精神が表われて来ぬ。これを更に根本的に明らかにしようとしたのは、すなわち(11)(12)行(saṅkhāra)と無明(avijjā)とである。すなわち何に依存して識はその認識活動を営み得るかといえば、要するにその根柢に意志あるがためである。識は所詮、意志の目的を遂行する機関に外ならぬというのが識と行との関係である。けだし、ここに行といえるは、表われた立場からすれば、身口意に活動を起こさしめる原動力で、隠れた立場からすれば、意志の性格としての業に外ならぬからである。かくして、いよいよ最終にこの意志の根本所依を尋ねて到達したのは、すなわち無明である。すなわち吾らに生命活動あるのは、根柢において無始以来の盲目意志あって然らしめるがためであると帰結したのが縁起の最終となったのである」(「事実的世界観」第五章五節)

このように説明した後、木村は総論的に次の一節を書き加えるのだ。

「十二因縁は、要するに、無明の根本意欲を基礎として、識、名色の認識関係から愛を生ずるに至る心理的経過を明らかにし、以って欲の創造的結果としての有に結び付けようとした考察法であるというべきである。したがって十二縁起は必ずしも時間的順序を追うての考察でないことは吾人の第二に注意すべきところである。むしろ大部分は同時的依存関係を示したものである。つまり、有情の組織および活動の関係を種々の立場から観察して、主要素、従属要素と次第に連関せしめた結果がすなわち十二支となったと解すべきである」（木村　前掲書）

ここで木村は、十二支縁起の各支分の配列は必ずしも時間的な順序を示しているのではない、むしろ大部分は同時に相互を規定し合う依存関係を表している、と述べているのだ。

†宇井の全面的相依説

他方、宇井は今日でいう此縁生（イダッパッチャヤター）に「相依性」という訳語を与えたわけを次のように説明している。

「各支は条件であると共に被条件であるといえる。従って各支はこの点で互いに相《あい》予想し合うというてもよいであろう。この意味で予は相関的の語を用うる。然しこれは決して条件被条件の関係が自由に入れ換わり得ることを意味するのではない。各支は下位の支に対しては常に条件であって被条件となることはないし、上位の支に対しては被条件たるのみで条件たる事はない」（傍点引用者、「因縁の解釈」）

宇井はこの引用部の直後に、ニカーヤにおいて「識⇕名色」など相互依存が説かれる例を挙げながらも、「決して条件たる場合がそのまま同一事情の下で同時に被条件となっていると混合的に見るべきではないと思う」と釘まで刺している。

だがこれは、前章で引いた「原始佛教資料論」(『印度哲學研究 第二』所収 岩波書店)の九節にみえる説明、「(イダッパッチャヤターの)その意味は甲はこの乙に依り、乙はまたこの甲に依る、即ち互いに相依ることという事になるから、相依性と訳してよいであろう」(前掲書)と齟齬を来している。進んで宇井はこうも述べる。

「(十二支縁起の支分の)一々は決して時間的に因果の関係で順序立てられているのでなくして、全く論理的にしかも互いに相依り互いに予想している関係で列挙せられているに過ぎない」「いずれか一つが不変的の中心実体であるというのでなく、甲は乙に依り乙は甲を資《たす》けて、互いに相依りて存在することをいうのである。数は通例十二と数えられているが、実際いえばすべてのものはこの中に含まれて余蘊ないから、一切のものの関係は決して各自独存孤立でなくして、相依相資であるということになる意味のものである。この意味を縁起といい、この説を縁起説と称する」(「原始佛教資料論」前掲)

どちらが宇井の考えの正路なのかはこの引用箇所をみただけでは判然としないが、彼が単純に十二支縁起を同時生起《サイマルティニアス》で、かつ双方向の関係と看做しているわけではないらしきことは窺える。ただ同時に、宇井が十二支縁起の関係を非時間的な条件―被条件の関係と捉えていたことは疑問の余地がなく、「十二支の一々は決して原因結果の関係順序で説かれているのでなく、むしろ条件と帰結との関係を追うて列挙したものと解すべきである。否《いな》適切にいえば各支は相関的相依的関係にあるのを条件を追うて順序を立てて挙げたものであると見ねばならぬ」ことを力説している(「因縁の解釈」四節)。さらに「これがあるとき、それはある。これが生じるから、それが生じる」の此縁生の定式を「この関係が凡てに現われている事を示しているのである」(「因縁の解釈」六節)と一般化した上でこうもいう。

「すべて現在を立場としてすべてがそこに現わるるのも相依相関の関係で現わるるのであり、そこから滅するのもまたそうであるから、すべてが現在に於て成立存在しているのも勿論相依相関の関係に於て可能であるとせられているのである」「そして十二支中で行も有もいずれも所謂世界または人生といわるるすべてを含んで表わしているし、また名色もしくは名色と識とでも同じくそのすべてを表わしているのであるから、十二支についてすべてが相依相関であるといえば、世界のものはすべて相依相関の関係に於て成立しているというのと同じことになるのは蓋《けだ》し必然的である」(宇井　前掲書)

宇井の十二支縁起論を約言すれば、次のように整理できるだろう。

（1）十二の支分の連接は時間的因果関係ではなく、論理的因果関係を示している。
（2）十二支縁起の両端、つまり無明と老死を除けば、他の縁起支はすべて下位の支分に対して生起の条件であって、同時に上位の支分に対してはそれを条件として生起した結果としてある。例えば名色は識という条件によって生起する被条件の支分であるが（識→名色）、同時に六処の成立条件の支分でもある（名色→六処）。
（3）だがこれは時間的遷移のなかで現象する時間的因果ではなく、論理的、同時的な因果なので、それぞれの支分はすべて現在に同時にあり、またそれ故、一挙に全体を表す。
（4）従って局所をみれば、上位の支分と下位の支分は条件―被条件の関係にあり、それらの立場が自由に入れ替わったりはしないが、全体をみれば、条件が被条件になり、被条件が条件になる相依の様相を呈していると解し得る。

†宇井の縁起観は「中国華厳哲学」的

宇井はさらに進んで「根本仏教では吾々の身心のことを世界とも宇宙とも人生ともなすのであって、この身心が行、有、名色又は名色識いずれにも含まれ尽くす」とまでいう。而して「世界は全く識の統一の下に相依性をなしているといえる。かく十二因縁の趣意は世界の相依を明らかにするにあるのであるから、予は十二因縁説を相依説とも称する」との結語を導くのである（前掲書）。

松本史朗は宇井のこのような縁起理解を初期仏教のそれではなく、「中国華厳哲学の〝時々無碍、重々無尽〟の縁起を説明しているに他ならない」と評している（『縁起について 私の如来蔵思想批判』「駒澤大学佛教学部論集」第一七号）。

武内義範も同様に「後世の華厳哲学の観方の如きもの」を予想している（『縁起説に於ける相依性の問題』上掲）。またこれは、赤沼智善や舟橋一哉が主唱した「一切法因縁生の縁起」説（第一章、第四章を参照せよ）やアビダルマ仏教の四縁説における「増上縁」にも近い。「増上縁」とは、簡単にいえば「すべての現象や行為は、全世界、全宇宙のあらゆる縁が間接的に関わって成り立つ」とするものだ。

いずれにしても銘記すべきは、宇井が十二支縁起を相依相関の関係と釈したことを和辻哲郎は認めており、かつそれを先走り過ぎた理解だと批判している事実だ。和辻の宇井説批判は次章で詳しくみるが、和辻は縁起支を法と捉え、十二支縁起を継時的因果関係ではなく、各支分の、和辻流にいえばその法と法との論理的条件付けの関係と看做す。ここまでは宇井説とほぼ同じだが、宇井や木村のように同時的相依関係とはみていない。従って、とくに和辻と宇井の立場を本当に一括りにしてよいのか、という疑雲が浮かび上がる。

近年の論評の多くがこの相違をよく踏まえていないのに対し、武内義範はさすがに精確な読解をみせている。
「原始仏教の縁起説で縁起支の相互の関係が一方的な基礎づけの系列であるか、あるいは交互媒介的であるかは、わが国の学者の間でも異論のあったところで、一方的基礎づけと考えるのは和辻哲郎説であり、交互媒介論は宇井伯寿説が代表的である。和辻説によると、縁起支の関係がもし全く相互的であるとすれば、根拠づけの系列に縁起支の全体を秩序づけることも、本来不可能なことになる。これに対して宇井説は、原始仏教の縁起では、それぞれの縁起支が自己のなかに全系列を映じ、いわば世界とモナッドのような互いに映じ合う関係にあるとする。その結果縁起支AとBとの間に予定調和に基づく相互融入の関係が成立する。要するに相即相入という華厳哲学の交互媒介を――一即一切の世界観を前提としながら――原始仏教の縁起説の相依性に及ぼそうとするのが宇井説の特色である」(上山春平、梶山雄一編『佛教の思想　その原形をさぐる』中公新書)

文中の「モナッド」というのはライプニッツのモナド論に由来する喩えであろう(「モナドは世界を映し出す生ける鏡である」)。また「交互媒介的」という用語は本書でいう「相依的」「相依相関的」に等しい。

再度強調しておくが、武内も、松本史朗同様、宇井の学説の背景に大乗の華厳哲学の影響を推している点に留意すべきである。

木村と宇井の対立点が、十二支縁起の輪廻的解釈、三世両重説の評価にあるのではなく、また十二支縁起の流れが定向的なものか、双方向的もしくは同時的なものか、あるいは時間的因果関係か、空間的相関関係か、という捉えの違いにあるのでもないことが徐《おもむろ》にわかってきた。一般に流布されている「争点」は皮相の読解によるものだったのだ。

第三章

真の対立点へ

——第一次縁起論争の解剖(下)

†宇井の木村説批判

では一体、木村と宇井、そして和辻の真の対立点とは何だったのか。これを論じる前に、宇井伯寿の足跡を概観しておこう。

宇井は一八八二年生まれ。生地は愛知県宝飯《ほい》郡御津《みと》。木村同様、一二歳で同郡の曹洞宗の寺（東漸寺）にて得度し、同じく東京帝国大学で高楠順次郎に師事している。入学時、宇井は本科生で、木村泰賢は選科生であった。当時、旧制高校を卒業するなど通常のコースで入った本科生と補欠的に特別に入学を許可された選科生とのあいだにはあからさまな待遇差別があり、このライバルは互いに身上の差異をも意識せざるを得なかったと思われる。

ドイツ、イギリス留学後、曹洞宗大学、東北帝国大学、東京帝国大学で教授職を歴任した。弟子に中村元がいる。一九六三年鎌倉市二階堂の自宅で逝去。享年八一。

二人の照影を見比べてみると、木村泰賢がいかにも都雅な、紳士然とした風采を呈しているのに対し、宇井はいかにも鄙《ひな》びた古刹の住職といった感じの面立ちだ。当世顔の持ち主はどうみても木村である。

だが照影の与える木訥《ぼくとつ》な印象とは裏腹に、宇井は「結局予のいう仏陀の説または根本仏教の説は吾々の論理的推論の上に構成せらるるものであって、その外には到底判らないということに帰着するのである」(「原始佛教資料論」『印度哲學研究　第二』)とする抑制の利いた、理知的な姿勢を終生貫いた。

　宇井は十二支縁起の根本因、無明についてとてもクリアカットに説き明かしている。

「四諦の一々に対する無知(aññāṇa)といわるる如く、無明は無知という意味に外ならぬ」(「因縁の解釈」)

「最肝要の一点を取っていえば、仏陀の根本思想に対する無知というべきであろう」(前掲書)

　無明は無知なのだ。宇井において、ブッダの根本思想を知らぬことが無明なのである。だが、この無知を、ヨーロッパの伝統に連なる主知主義《インテレクチュアリズム》の文脈で読み取るならば、理解を誤るだろう。後代、そのような誤解や不当な裁断に基づく〝論点整理〟が続出した。

　ここでいう「ブッダの智慧」とは、通常の知性や理性のみで捕捉できるようなものではない。もっといえば、言葉によって十全に表現できるものですらない。それは通常の「思考の領域」をも超えているのだ。無明とイークォルで結ばれる無知とは、それら全体を覚知できない事態をいうのである。後論するが、このことは和辻の論考において一層明確になっている。

翻って宇井はいう。

「概念上無明には活動性は捨象せられている。故に無明そのものとしては活動性ないものにならねばならぬのである」「既に無明そのものとしては元来は活動性を考えることが出来ぬとすれば、学者が時に無明が世界または人生の創造発展の根本原理の如く解し、従って十二因縁はその創造発展の過程を示すものと見、これを数論学派の転変説を説く二五諦と比較しまたは二五諦の影響によって考え出されたものとなさんとする説の如きを全く承認することが出来ぬことになる」(傍点引用者、「因縁の解釈」)

明示されてはいないが、ここで全然承認できぬと否《いな》まれてあるのは木村泰賢の説であろう。和辻哲郎は「宇井氏は全然木村氏に言及されておらない」と推断している(「付録　木村泰賢氏の批評に答う」『和辻哲郎全集　第五巻』所収)が、かかる一節を書き付けるに当たって、少なくとも木村の縁起論が宇井の脳裡にあったことは疑い得ない。文中の「数論(学)派」とはヒンドゥー教正統六派哲学の一つ、サーンキヤ学派のこと、「二五諦」とはサーンキヤ学派における世界創出に関わる二四の実体(二四諦)に、純粋精神であるプルシャを加えたものである。木村が「事実的世界観」で十二支縁起を論じるに際し、仏教に影響を与えた先行思想としてこれらを挙げた件はすでに触れた。

†論じ返す木村泰賢

これに対して木村は『原始仏教思想論』附録の反論文「縁起観の開展」の「上」において、一見奇妙な論法で反駁している。

十二縁起の無明を「仏陀の根本思想を知らぬこと」と解し、「十二縁起の目的は所詮この仏陀の根本思想を知らぬ人（凡夫）の心行がどうなっているかを明らかにする論理的仕組みに外ならぬと論じた」と、宇井の説を纏めた上で、「しかしこれでは例の『仏出ずるも出でざるも異なるところなし』といわれた縁起法則、常恒性の意味が、判然と表われて来ぬではないか。仏出でたる後の無明はそれでよしとしても、出でざる以前の無明は少なくも、それだけでは説明することの出来ぬ欠点を伴って来よう」と難じた（「縁起観の開展」上 二節）。

「仏出ずるも出でざるも異なるところなし」というのは、第一章で引用したサンユッタ・ニカーヤの「縁」の一節と思われる。改めて当該箇所を引いておくと「比丘たちよ、縁起とは何であろうか。比丘たちよ、生によって老・死がある。如来が出現しようとも、如来が出現せずとも、このことは確立したことである」（並川孝儀『構築された仏教思想／ゴータマ・ブッダ』佼成出版社）とある。

この経は、縁起が普遍的、恒常的な理法であり、「仏出ずるも出でざるも」＝「如来が出現しようとも、如来が出現せずとも」世界を貫徹する法則であることを説くものとされている。

だが、どうして無明を無知とすれば、ブッダ、如来が「出でざる以前の無明」が説明できない弊が生じるというのだろう。まるでニュートン万有引力の法則が発見される以前には万有引力は万物に作用していなかったのか、と問うようではないか。如来出現の前にも無明はあったのである。そして太古から、無明に発する諸々の苦は人々において現象していたに決まっている。

何故なら仏出現以前の時代を生きた者たちは当然ブッダの教説を知り得ようもなく、端的に無知だったからだ。ブッダが世に出現してはじめて、無明から老死までの縁起の束縛から解放される方途が、縁起支の一つ一つを滅する方法が発見されたのだ。間然するところのない理路に思えるが、木村はこれで何を反証したかったのだろうか。

信仰論の領域に踏み込むことになるが、もしブッダがこの世に現れなかったならば、縁起の理法は人類に齎されず、私達は永遠に無明の生に閉ざされるしかなかった、と信ずる者たちが仏教徒である。この危機的意識が仏教者の信仰の基層を成している。そういう意味において、縁起説は恒常にして永遠の真理ではあり得ない。それ自体無常であり、変滅の危機を孕んだ「真理」なのである。

　木村の、かかる的外れな批判に比べれば、宗教的テクストにありがちな一種の循環論法に陥っている、という論難の方がまだしも理に適っている。だが彼はそうせず、続けてこのように述べている。

「もし仏陀の根本思想とは仏陀の根本思想によって代表せられる法の真相という意味であり、したがって無明とはそれを理解せぬという意味であるというならば、もちろんこれは前よりも深い正しい見解である。しかしこの際といえども、しからば何故に吾ら凡夫は法の真相を理解し得ぬか。そもそも理解し得ざらしめる根本動力は何であるかということを論究せねば収まりがつかぬことになろう」（「縁起観の開展」上　二節）

†「本能」と「実覚」

　どうして無明に泥《なず》む凡夫は世界の真相を理解し得ないのか。いつまでも「自然的立場」に泥むままで満ち足り、無知の状態から脱することができぬのか。打って変わってこの質疑は鋭い。宇井の見解の死角を突いている。

　ここであえて私考を交えておくと、ブッダの到達した「法の真相」を覆い、それから凡夫を遠ざける「根本動力」は人の、生物としての本能なのである。ちなみに本能という用語は、大雑把過ぎて説明力が弱いということで、現在、生物学や心理学、認知科学などの専門分野ではあまり使用されなくなっている。そういう自然科学用語の厳密性に配慮する必要がなくなったいまこそ、無明の理解を補助する概念として仏教にこの言葉を導入できると私は考えている。遺伝的に受け継がれた行動の様式や能力ぐらいの意味だ。その生物的な本能と、成長の過程で獲得した文化的、社会的な擬似本能としての言語。この二つが私達の自己と世界についての原初的認知を形成し、私達の直覚〝intuition〟と実感とを統整している。

直覚と実感。この二語の意味を一語で表すべく、いまは使われなくなった〝実覚〟という古い言葉を採用しよう。

ここでいう実覚とは、例えばある事物を好ましく感じる心身の動きだ。それに親しみ、それを愛惜する。他方で、ある事物は厭わしく感じる。ほとんど無意識的にそれを嫌い、憎み、それを斥けてしまう。これが実覚だ。

また心地よいもの、快いもの、いとおしいものを近づけ、それらに執著する。一方、不快なもの、醜いもの、危ういものを避ける。もし厭わしいものが近くにあれば、全力を挙げて排除しようとする。こうした心と体の働きを、実覚と呼ぶこととする。実覚は極めて「自然的」なものだが、仏教においては私達を煩わせ悩ませる心と身体の働きに他ならい。これは仏教の本質に関わる論件だ。小部所収の「ダンマパダ」にはこんなブッダの戒告がみえる。

「花を摘《つ》むのに夢中になっている人を、死がさらって行くように、眠っている村を、洪水が押し流して行くように、――」（中村元訳『ブッダの真理のことば・感興のことば』岩波文庫）

目の前の野辺に美しい花が咲き誇っていれば、人はその存在を認め、賞美し、またそれを摘み取りたいという意欲を形成してしまう。それらすべてが「実覚」である。また深更、人々が眠りに就くのも疲労の自覚と睡眠欲などの「実覚」によるものである。だが、それに心身を任せては、「死」や「洪水」を免れることはできないというのだ。

†木村の「心理的過程」論

従って木村の無明観はこの限りにおいて正確な捉えである。十二支縁起を「心理的経過」とみる解釈も正鵠を射ている。生得的な本能であれ、「第二の本能」とも目される言語であれ、一言に纏めるならば根本煩悩となるだろう。あるいは木村のいう「生命活動に備わる先天的無意識的性格」（行）を生物としての本能と解し、同じく「先天的性格を背景としての意識の覚醒《めざめ》」（識）、「意識の反省による自己分裂の結果として、自己の客観化」

（名色）を言語の作用と取ることも可能である（「縁起観の開展」下　三節）。例えば、識という語の源を辿れば、「分けて知る（ヴィジャーナーティ／p）」こと、即ち言語的に分別すること、分節化することからヴィンニャーナ（識）といわれることがわかる。名色は、言語である名称（ナーマ）とその指示対象である色（ルーパ）の結合を意味する。そう解釈すれば、先にみた識と名色の相互依存も容易に理解できる。これは言語的分別による認識主体形成の過程を写しているといえるだろう。

木村は識をこう説明している。

「経にはこれを『知るが故に識と称せらる』と説いてあるが、けだしその『知る』とは区別して知ること、すなわちこれは赤色なり、白色にあらず。これは苦味なり、甘味にあらず。これは苦なり、楽にあらずと判断して知る義と解すべきである」（引用部の原語および原語の語義解説は割愛した。「事実的世界観」第三章「心理論」四節）

現に「大縁方便経」には言語表象と輪廻の連続性についてこのように述べられている。十二支縁起のうち、識（識別作用）と名色（名称と形態）の因果性についての、ブッダと弟子のアーナンダの問答をみてみよう。

「さて、名称と形態を成立条件として識別作用があると、このように〔わたしは〕語った。アーナンダよ、この名称と形態を成立条件として識別作用があるということは、次のような理由によっても、理解されねばならない。アーナンダよ、識別作用が名称と形態において足場を得なかったならば、いったい未来において生まれること・老いること・死ぬこと、つまり苦しみの集起・生成が〔人が〕認知されることがあるであろうか」

「いいえ、師よ、それはありえません」

「それゆえ、アーナンダよ、この場合、識別作用にとって、名称と形態、これこそが原因であり、これが起源であり、これが起因であり、これが成立条件である。

アーナンダよ、生まれ、老い、死に、〔他の生に〕移り行き、再生するであろう限り、命名の道（可能性）がある限り、語の解明の道がある限り、表示の道がある限り、知恵の領域がある限り、〔現世の生存という〕この状態を設けるために〔生死の〕円環が回転する限り、〔必ずそれがあるのだ、〕すなわち識別作用とともにある、名称と形態が」（「生成の由来についての大なる経——大縁方便経」『原始仏典第二巻　長部経典Ⅱ』春秋社）

パーリ語の原文でも解釈の難しい経だが、少なくとも「命名の道」といい、「語の解明の道」といい、「表示の道」といい、すべて言語表現に関わる「道」であることは容易に看て取れる。つまり言語によって認識主体は形成され、認識主体の形成によって三世が、即ち輪廻世界が開展する。「大縁方便経」のブッダはそう示教しているのだ。

無明を「生の盲目的肯定（盲目意志）」とする木村の解釈はこの意味において正しい

（「縁起観の開展」下　三節）。問題は、少し前に指摘したように、木村がこの無明にある種の〝ポジティヴな主体性〟、宇井の言葉を借りるなら「世界または人生の創造発展の根本原理」（「因縁の解釈」）のごときものを見出そうとしている点だ。

†和辻による宇井批判

では、和辻哲郎は十二支縁起の根源である無明をどう領解しているのか。一般に宇井同様、主知主義的な理解から無明＝無知説に立ち、かつ十二支縁起を相互依存的、相互規定的関係とみる解釈を採ったとされているが、それらは正当な読みだろうか。和辻は後者についてこう評している。

「（宇井の学説は）識、名色等の関係を重視し、十二縁起を論理的に解釈するという問題よりもむしろあらゆる型の縁起系列に通用する根本趣意の探索を問題の中心とした点において、縁起説の研究を一層広い範囲に押し進め、一層根本的に掘り下げたと見られねばならぬ。しかしながら我々は、たといこの根本趣意を認めるとしても、種々の型の縁起系列が立てられるときにそれが一切のものの相依を示すという思惟動機によってのみ考えられたとは見ることができない。氏のいわゆる『観念の仕方の順序』はこの順序において認められる相依性そのものとは区別されなければならない。相依性そのものはこの順序が逆であっても、また順序が異なっていても、同様に認められ得るであろう。しかし観念の順序自身は内的必然性をもって、不可欠の条件の追窮として、現われてくるのである。従って因縁の系列が異なることは条件の追窮の仕方が異なることを示すにほかならず、その追窮の仕方の相違はそれぞれに異なれる思想的立場を示すと見なければならない」(「実践哲学」「第二章縁起説　第一節」)

さらに同じ「実践哲学」の第二章六節の付注でこうも述べている。

「宇井氏。『印度哲学研究』第二、三三〇ページ。『般若経、竜樹仏教の一切皆空説は縁起説を他語で言い現わしたものにほかならぬ。』宇井氏は縁起説の根本趣意を相依関係に認める所からかく結論するのであるが、十二縁起の系列そのものに意義を認めるとすれば、縁起説はまだそこまで徹底していないと認むべきだと思う」(和辻　前掲書)

和辻によれば、様々な縁起系列はそれぞれ独自の思惟動機を背景としている。それらの「観念の仕方の順序」は各々「内的必然性をもって、不可欠の条件の追窮として」表出されるのである。そして十二支縁起については、その教旨を相依関係と認定することは先走り過ぎだ、と宇井説を明らかに批判している。

他方、宇井は和辻の批点の指摘に戸惑っているとも、受け流しているとも取れる反応をみせている。

「氏の指摘せられた予の欠点について何時も感謝しつつ読むのであるが、ただ憾《うら》むらくは予の素養と能力との不足の為に氏の優れた思索理解に追随するを得ずして、為に完全にその真意味を把捉し得ないかの怖れの感が消失し得ない」(「阿含研究の後に」『印度哲學研究第四』岩波書店)。

第一次縁起論争に関しては、山折哲雄をはじめとして、木村を共通の対手としつつ、和辻と宇井を同陣営に安置する論考が相次いだ。例えば末木文美士はこう解説している。「木村が比較的伝統的な解釈を重視し、縁起の時間的因果性を強調したのに対して、宇井はそれを批判し、縁起を一貫して論理的相依関係として解釈しようとしたのである。和辻は宇井説に肩入れして厳しい木村批判を展開した。木村の早逝という偶然的な事情もあって、その後の日本の原始仏教解釈は宇井説を展開させる方向で展開した。和辻の説は宇井説をより先鋭化する形で影響力を持ったのである」(「和辻哲郎の原始仏教論」『近代日本と仏教　近代日本の思想・再考Ⅱ』トランスビュー)

和辻は宇井説の何を「先鋭化」させたというのだろうか。もし宇井の「論理的相依関係」の縁起説を指すのであれば、上引の和辻の宇井批判をみれば明らかなように、それはあり得ない。また、前章でも確認した通り、少なくとも「事実的世界観」の木村は「縁起の時間的因果性」にむしろ否定的である。

この構図設定の源を辿れば、木村の「縁起観の開展」における纏めに突き当たる。山折哲雄は「和辻の研究は宇井の『論理主義的解釈』をうけ、その論理主義的解釈をいっそう論理化し認識論化していわゆるカントの範疇論に近いところまでおしすすめたもの」と木村の纏めをそっくりなぞっている（「やせほそった『仏陀』」『近代日本人の宗教意識』所収岩波現代文庫）。だが、それはミスリーディングだったのではないのか。

†無明、無知、自然的立場

では、和辻の無明観をみてみよう。まず宇井と同じように無明を「知らないこと＝無知」と捉える。

「しからば無明は何を知らないことであるか。経典は五蘊あるいは六入処の無常を知らぬこと、あるいは五蘊及びその集滅味患離（もしくは集滅道）を知らぬこと、四諦を知らぬこと、あるいはさらに詳しく前際後際、内外、業報、仏法僧、四諦、因縁、善不善、罪習、勝劣、染浄を知らぬことなどと説くが、一言にして言えば『不知聖法』である」（「実践哲学」「第二章縁起説　第六節」）

不知聖法、つまり聖法、ブッダの智慧を知らぬことが無明だという。

「聖法を知らずとは一切法に対して不如実知であること、すなわち凡夫の立場、自然的立

場に立つことにほかならぬ」(和辻　前掲書)
「一切法」とはすべての存在のこと、「不如実知」とはその真実のあり方を知らないということだ。要するに、ブッダが捉え、説いた事物存立の実相、即ち事物が仮象に過ぎぬという真相を知り尽くしていないこと、これを和辻は「自然的立場」と呼ぶ。これは現象学の術語を移用した、彼の独特の言回しなので注意が要る。

先にも論じたように私達は本能によって突き動かされ、言語によって誘導されて、意志や思念を形成し、行為する。「好きなものを好き」「欲しいものを手に入れる」というのは自然な行いであり、もちろん「自己を愛する」ことも自然な意向である。仏教はその自然性を、実感的自明性をこそ批判するのだ。それらが苦の原因だからである。仏教を反直覚的"counterintuitive"、または反実覚的なものとするのは、以上の理由による。繰り返すが、快いものを好ましく感じ、いとおしいものを愛でて、醜悪なものを嫌悪し、不安や痛みを遠ざけようとする、抜き難い直覚や実感こそが根本的な煩悩に他ならず、我々を迷いの生に縛りつける執著の根元なのだ。

かかる自然的立場は虚妄に過ぎない。それが虚妄であることを知らぬことが、つまり無明なのである。こうした仏教の基本について、和辻はアビダルマ仏教の概念を交えながらかく所述する。

「元来不知が不知として知らるるのは、行によって成立する有為の世界に対して無為を認識せるより高き立場、言いかえれば『法に基づいて存在する世界』を超出しその法自身を観ずる『明』あるいは『般若』の立場に立つゆえである」（前掲書）

これは、自己を含む全存在をあらしめている法を観ずるメタレヴェルに立つ、という意味だ。全現象は、法という形式《かた》によって限定されると同時に、存在機制としての法そのものによってあらしめられる。「存在者は了別されてあることによって初めて存在者として存在する。すなわち了別という形式によって存在者が成立する」（「第一篇第一章　無我の立場」『仏教倫理思想史』『和辻哲郎全集 第十九巻』所収 岩波書店）。

さらにその存在機制として法の領域や属性を限定する法がある。先述の三枝充悳の言辞を借りるなら「法」（存在の法、色受想行識五法）と「法の法」（存在の法を画定する法、無常苦無我の法）との関係である。

然るが故に、和辻は先の引文に続けて「従って無明を縁とするとは明に対して無明の領域を限定することを意味する。この限定が行の縁なのである」と書くのだ。

†和辻の「二層の法」

第一章の前半で「縁起法頌」について説明した。最初期のブッダの弟子、アッサジがブッダの教えの核心を偈頌（詩）にしたものを唱え、異教徒だったサーリプッタ（舎利弗）とモッガッラーナ（目連）がそれを聞いて帰依する切っ掛けになったという故事だ。その詩偈にはこうあった。

「諸法は原因から生じる。如来はそれらの原因を説く。また、それらの消滅をも。偉大なる沙門はこのように説く」

中村元はアッサジについて「初期の多くの仏教者のように無常を直観的に印象づけて説くことを好まず、さらに深く考察して、事物のあいだの因果関係を強調しようとしたのである」と評している（『中村元選集［決定版］第16巻／原始仏教の思想Ⅱ　原始仏教Ⅵ』「第六編　思想体系化への歩み　第三章　縁起説の成立」春秋社）

「縁起法頌」にいう「諸法」とは、いうまでもなく諸々の存在する事象の法の謂いである。然らば「諸法は原因から生じる」という縁起の法は、その言及対象たる「諸法」と同質なのだろうか。あるいは異質であろうか。

和辻哲郎は、同じ法でも「存在の法」と「その存在の属性、性質を規定することで、法の領域を画定する法」とはカテゴリーが異なると考えた。前者の法、和辻のいう「色受想行識五法」は、時間的に変易《へんにゃく》する無常なる存在（者）に対する超越項であり、これは無常ではない。限定され、あらしめられる対象としての色、受、想、行、色は、ニカーヤに幾度も銘記されている通り、無常であり仮象だが、それらを限定し、あらしめている「法」、現象の形式《かた》はそうではないというのだ。さらに後者の「法の法」、和辻のいう「無常苦無我の法」は、その存在（者）と「法」とを区別することで「法」の領域を画定するさらに上階の超越項である。もちろんこれも変易せず、無常ではない。存在（者）としての五蘊の各々のみが無常なのだ。

「しからば存在するものの法としての色受想行識五法と無常苦無我の法とはいかに関係するか。後者は、存在がいかなる場合にも時間的変易であることを示し従って存在者と法との区別を確立した。前者はかかる存在者の存在の法を立てるのである。ここに我々はすでに二層の法を、すなわち存在者と法とを区別する法と、かかる存在者自身の存在の法とを、見いだすのである。我々は『色は無常である』というごとき命題のうちにすでにこの両者が含意せられていることを認めねばならない」（「実践哲学」「第一章根本的立場　第三節」）

和辻は二種の法を認め、そこに「二層」を見いだすというが、両者がどういう階層性を成しているかについては「実践哲学」の記述では必ずしも判然としない。

論理的に峻別するならば、「存在の法」と「存在と、存在の法を区別する法」とは論理階型が異なるはずである。階型を異にしなければ二つの法は矛盾を来す。前者は存在（者）を対象レヴェルとする法だが、後者はその存在（者）と「存在の法」を区別することで、「存在の法」の領域を画定する法である。つまり「存在の法」を対象レヴェルとする法である。それ故、後者は「存在の法」に対して一階上のレヴェルにある「法の法」と考えられる。

しかし和辻は「二層」をむしろ観取の段階とみており、「存在と、存在の法を区別する法」を「存在の法」の基礎、前提と措定している。「無常、苦、無我の法によって『存在するもの』の領域が『法』の領域から区別され、さらにその存在するものの『法』として五蘊が立てられたと考える時、我々はそれによって経蔵がただ五蘊のみを存在するものの法として説いているというのではない」(「実践哲学」「第一章根本的立場　第四節」)

五蘊(色・受・想・行・識)のみならず、六根(眼・耳・鼻・舌・身・意)、六境(色・声・香・味・触・法)から縁起説まで、現象学的用語を援用しながら「二層の法」の枠組みに回収してしまう。

「色受想行識或は眼耳鼻舌身意が、無常、苦、無我である事を如実に(yathābhūtaṃ)観ずるとは、すでに説けるごとく一切の存在者の存在が無常、苦、無我であることとその一切の存在するものの法が色受想行識あるいは眼耳鼻舌身意であることとの二層の法を、あるがままに、現実に即して、何ら独断的な予想を設くることなく、認識するということである。言いかえれば、素朴実在論及び形而上学の偏見を捨てて無我の立場を取り、実践的の現実をそのまま現実として取り扱い、その実践的なる現実自身の内に現実成立の根拠たる法を見ること、――さらに言いかえれば、自然的立場を遮断して本質直観の立場に立ち実践的現実の如実相を見ること、これが真実の認識である」（「実践哲学」「第一章根本的立場　第八節」）

いずれにしても存在（者）に対し高次にある法は、和辻においては存在するものではなく、だから無常ではないのだ。「実践哲学」刊に先立つ講義ノート、『仏教倫理思想史』には、この法の領域の確立こそが初期仏教の「最大の功績」であると明記されている。「この無常・苦・無我は存在者について妥当する法であって、それ自身時間的に存在するものでない」「たとえば存在者が無常であるということ自身は無常ではない。超時間的に妥当する」（「第一篇第一章　無我の立場」『和辻哲郎全集　第十九巻』所収　岩波書店）。

私は、ここで彼がメタレヴェルの法を実体として措定する過誤に陥ってしまった、とみている。これについては最終章で再論しよう。

「限定する」の意味

ともあれ、和辻のいう「『明』あるいは『般若』の立場に立つ」とは、世俗の対象レヴェルの実在性を「超出」し、さらに諸法をも対象として現観することができるメタレヴェルを獲得する、ということだ。引文中の「より高き立場」というのは通常の価値観における高みを意味しない。自己認識や存立規則をも含む全領域を対象化できるようなレヴェルと解すべきである。

「従って無明を縁とするとは明に対して無明の領域を限定することを意味する。この限定が行の縁なのである。行は存在の法にとってこそ究極の統一原理であるが、その統一する領域は畢竟限定せられた領域に過ぎない」(「実践哲学」「第二章縁起説　第六節」)

この引文中の「限定する」「限定」という語句には留意を要する。和辻はこう書いている。

「たとえば赤を見ることは赤がそれ自身を青黄等から区別することであり、区別することは行が自己を限定することである」(和辻　前掲書)

ここにおける「限定」は分節と同義であり、示差性において、つまり他との差異において対象を認識する、という意味だ。

然らば事象を「限定する」のは一体何か。『仏教倫理思想史』では識とされる。識が了別し、区別し、限定するのだ。

「目前のばらの花がばらの花として他の花あるいは葉等と区別されてあること、――この区別なくばばらの花は存立せぬ、——に着目して言えば、このばらの花は区別されてあることである。了別されてあるものである。そうして一般に現象物は、了別されてある限りにおいて存在するのであり、したがって了別一般すなわち識を根拠とせぬ物は存在しない。この場合にも個々の区別されてあることは識の自己限定と見られる」(「第一篇第一章」『和辻哲郎全集　第十九巻』所収　岩波書店)。

事象一般の了別(区別)、限定は専ら識の作用とみるのが正しい。

例えば色《いろ》とは、自然科学の用語でいえば、電磁波のなかで人間の眼根が捉え得る可視光線を分別した名称である。可視光線は「紫」と感受される波長の短いものから、「赤」と感受される波長の長いものまでの連続的なカラースペクトルから成る。この連続体を言葉(名)によって仮に区別したのが「緑」だの「濃紺」だの「乳白色」だのといった、私達が日常的に用いる色《いろ》である。色は名に他ならないのだ。「コバルトブルー」や「プルシアンブルー」や「藍」などに自性があるのではない。他との差異において、仮設された名称に過ぎない。

もちろん、かかる自然科学的、色彩光学的な認識もまた分別の一つに違いない。実際には、例えば「肌色《いろ》」や「信号機の青」のような、名称と指示対象との関係が安定していない、厄介な「色《いろ》」が仮初めの客観性の虚構を暴いてしまう。そのように無数の仕方による分別が並立し、決定できないという事態そのものが色《いろ》の非実体性を裏書している。行、即ち諸々の形成作用（サンカーラ／p）は無明＝無知を縁として分節される。世俗は、凡夫ならざる仏がメタレヴェルに立ち得てはじめて下位のレヴェルとして対象化される。自然的立場を世俗の範域に限られた真実（世俗諦）の立場と達観できるのは、智慧が「明」「般若」といったメタレヴェルに達したからである。

「しかもこの限定せられた領域は、それが限定せられたものであると認識せられるときに消滅する。『何によって無明があるか』と問うためには無明が認識せられていなければならず、その認識は明の立場において可能であるがゆえに認識せられたときにはすでにもう無明はない」（和辻　前掲書）

いかにも詭弁のように読めるかもしれないが、そうではない。和辻の行論にはしばしば短絡的理解に誘導してしまう欠点が散見されるが、この説明など典型的であろう。彼は「明とは無明を見いだすものであって、同時に無明を滅するものである」と明快に書いてしまう（「第二篇第一章第一節　世俗諦と第一義諦」『仏教倫理思想史』『和辻哲郎全集　第十九巻』所収　岩波書店）。

「無明を見いだす」ことと「無明を滅する」こととは確かに「明」の属性ではあるけれども、必ずしも「同時に」起こる事象ではない。「見いだす」ことは始まりに過ぎず、仏教の言葉でいえば「発心」に当たる場合もある。そこから修行が始まり、「それがまさしく無明に他ならぬこと」を心身に徹底的に定着させることができてはじめて、「無明を滅する」ことができるのだ。先の例示に当てはめてみるならば、赤という色《いろ》がポジティヴな実体ではなく、即ち「自性」を持つものではなく、他の色《いろ》、青黄等との差異において存在すると頭では理解できても、赤の自性、「赤色はある」という信憑が直ちに消え去るわけではない。和辻はここを理解していなかったわけではない。その肝要をわかっていたからこそ、ナーガールジュナを引合いにしてこう述べたのだ。

「般若は世俗諦における『法』を見いだすが、しかしそれだけで法を滅するものでない。涅槃（滅）の域に達するには、法の認識（般若）が極限を超えること（波羅蜜）を要する」（和辻　前掲書）

だが、和辻は「見いだす」ことと「滅する」ことのあいだの隔たりを十分に示さなかった。それ故、彼の仏教観は主知主義的であり、論理偏重であり、修行を等閑《なおざり》にし、体感を無《な》みしている……などという誤解がいまなお付き纏うことになる。

松尾宣昭は、和辻が「我ありと計する凡夫のみに苦がある」と述べているのを捉え、「和辻が十分に説いていないのは、右記の『計する』の性格、それの根深さである」と批判しているが（『「輪廻転生」考（一）』「龍谷大學論集」第469号）、これは肯綮《こうけい》に中《あた》っている。

†凡夫の我、凡夫の苦

だが、それが「十分」かどうかは措くとして、和辻がその「根深さ」を問題として意識していなかったわけではない。

ある凡夫が教理研鑽を積み、修行を重ねて、無知が完全に払拭されたならば、その人はもはや凡夫ではない。ここでいわれる知や無知とは、近代的な知性や知識とはまったく異なる。だから和辻は『仏教倫理思想史』にこう書き付ける。

「凡夫の立場においては行の自己限定が現象の世界を開展し、仏の立場においては行がそれ自身に帰る、すなわち否定（Negation）として滅の世界、無為の世界を展開する」「この否定の理解はその体得を待って初めて得らるるのであって、ここに仏教哲学が特に実践哲学として特徴づけらるるゆえんが存する。我々がここに試みている philosophieren は仏教の語を用うれば智慧の立場に立つことにほかならぬが、しかしその智慧の立場が直ちに滅となって実現せらるるためには、単に認識ではなくして体現でなくてはならぬ」（「第一篇第二章　縁起説」『和辻哲郎全集　第十九巻』所収　岩波書店）。

文中の philosophieren（フィロゾフィーレン）というドイツ語は「哲学的に思惟する」ぐ

らいの意味だ。和辻はここで哲学的思索に基づく認識では滅の世界には通達《つうだつ》できぬと明言しているのだ。智慧の立場が滅となって実現するには、単なる認識のみでは不十分であり、「体得」「体現」を必須とする。彼はそう断定している。それ故、「原始仏教における縁起観を、まずもって人間における認識のスタティックな地平に引き戻して解釈しようとしている」(山折哲雄「やせほそった『仏陀』」『近代日本人の宗教意識』所収　岩波現代文庫)などという、和辻の縁起論を近代の論理主義や主知主義に過度に傾《かし》いだ理解とする論評は完全に的を外している。

また、宗教学者の氣多《けた》雅子による「和辻の考え方の根本的な問題点は、ブッダの知(智慧)における禅定の意義を認めないところにある」とか、「修行の重要性を等閑視した」といった評言もまた適正とはいえない(氣多『仏教を思想として追究するということ——和辻哲郎の原始仏教研究を中心として——』実存思想協会編『思想としての仏教　実存思想論集XXVI』理想社)

和辻は先に引した『仏教倫理思想史』でこうもいう。

「『無明滅すれば行滅す』と知られた時、無明はただちに止揚さるるであろうか。観念的にはそうであるが、しかしわれわれが無我、縁起を知ると思うとき、それが真に知られる把捉(begreifen 具体的に実現)さるる、すなわち体現さるるとは言えない。たとえば『我』

が本質なきものであると真に知られたならば、利己主義の立場は止揚さるるはずであるが、無我の考察は必ずしも我執の脱却を伴なわない。ただ抽象的に無我を考えつつ、真実には我を実在するものと考えている場合はきわめて多い」（傍点引用者、「第一篇第三章 道徳の根拠づけ」『和辻哲郎全集 第十九巻』所収 岩波書店）

和辻論考の同じ部分を引用しつつ、この点に注目したのが、チベット仏教の立場から和辻の仏教研究を批判的に検討している吉村均だ。「近代的と評されることの多い和辻の仏教理解は、阿含経典やアビダルマの捉え方においては、想像以上にナーガールジュナとの共通点が多い」と指摘する。

「和辻は、仏教が苦と捉え、そこからの解放を目指したのは、楽受に対する苦受ではなく、このような『自然的立場』であるとしている（全集十九、一四〇頁）。対象を価値を帯びたものとして実体的に捉えることを苦しみの真の原因とすることは、インドからチベットに伝えられた伝統的仏教理解と基本的に一致し、ナーガールジュナも次のように述べている」（『和辻哲郎とナーガールジュナ――インド・チベットの伝統的理解との対比――』「比較思想研究」第四一号）

そうして吉村は『六十頌如理論』の二四偈を引くのだ。

「愚か者（異生）は存在《もの》に不変の実体（我）を考え、あるとかないとかと倒錯する誤りの

ために煩悩に支配されるから、自らの心によって欺かれる」（瓜生津隆真訳『大乗仏典14 龍樹論集』中公文庫）

和辻の自然的立場とは、「この私」が実体として存在し、実体としての「この世界」に直接対しているという信憑の足場に立つことだ。その立場には美醜、快苦、善悪のような価値判断も伴う。

「その中で我は認識し感じ意欲し、現実的な世界を生きて行く。この我に対して他に多くの我があって、同じ世界の中で大体に同様な生活をしている。これが凡夫の立場における現実である」（「第一篇第一章」『仏教倫理思想史』『和辻哲郎全集　第十九巻』所収　岩波書店）

だが、その「現実」に泥み、それを疑い得なかった「自らの心」によって欺かれるのが凡夫の苦なのだ。

「伝統的理解において修行が不可欠とされているのは、この『自然的立場』を変えるためには、単なる知識ではなく、実際に自分の物の捉え方を変えていく必要があるためである」（吉村　前掲論文）

和辻とナーガールジュナとの無明解釈、仏教理解の共通性をいまみたが、では、初期仏教の法統を継ぐテーラワーダ仏教との類似は検出できるのだろうか。

†テーラワーダ仏教の無明観

アルボムッレ・スマナサーラはパーリ・アビダンマの概説書で無明をこう解説している。

「経典では『真理を知らないことが無明です』と説明します。真理とは四聖諦・苦集滅道ですから、『存在が苦集滅道であることをまだ知らない』ことが無明です」（『ブッダの実践心理学　第六巻　縁起の分析』サンガ）

無明を「無知」とした経典は無数にあるが、代表的なものを一点挙げておこう。相応部経典、因縁篇の「分別」と題された経から。

「比丘たちよ、無明とは何か。比丘たちよ、苦について知らないこと、苦の原因について知らないこと、苦の消滅について知らないこと、苦の消滅に導く実践についてしらないこと、比丘たちよ、これが無明といわれる」（「分析」『原始仏典Ⅱ　相応部経典【第二巻】』春秋社）

この経文で無明の対象として挙げられている「苦、苦の生起、苦の滅尽、苦の滅尽へ導く道」とは四諦、つまり苦諦、集諦、滅諦、道諦のことである。つまり無明とは端的に四諦についての無知といわれている。

さらにスマナサーラの説法をみてみよう。

『行』を二つに分けてみることができます。無明があると知らない人は、知っているという錯覚に陥って行動する（危険な行動になる）。無明があると知る人は、無明をなくすための行動をする（おこなうべき正しい行動）。しかし、どちらでも、無明により生じた行なのです。世界は、無明があると知らず、行をする。仏弟子は、無明をなくすための行をする」「四聖諦を知り尽くしたら、無明がないのです。従って、行（おこなうべきもの）も消えるのです。これは解脱に達したという意味なのです」（『ブッダの実践心理学　第六巻　縁起の分析』サンガ）

スマナサーラの語り口は実に平易だが、内容を具《つぶさ》にみれば、和辻のやや晦渋な無明論と驚くほど一致していることがわかる。

また世界初のテーラワーダ仏教の総合事典『上座仏教事典』の無明（アヴィッジャー／p avijjā）の項目には次のように定義が記されている。池田錬太郎の筆による語義をみてみよう。

「仏教が説く根本的な煩悩。無知のこと。明《みょう》（ヴィッジャー vijjā）が正しい知恵・認識を意味するのに対し、無知はそれを欠いた状態で、真実や物事の道理についての無知を意味し、特に縁起や四諦などの仏教の教えを知らないことを言う」（パーリ学仏教文化学会　上座仏教事典編集委員会編『上座仏教事典』めこん）

これもまた、宇井、和辻の無明＝無知という解釈を支持するものだ。

第一次縁起論争の最大の争点であった無明の性質に関する理解の相違は、各々の行論の一貫性や整合性、対手の論の読解の緻密性を精査しても、パーリ・アビダンマや中観哲学の伝統的教説に照校しても、明白に決着が付いていると判じざるを得ない。

†木村説の特異性

山折哲雄は宇井、和辻の初期仏教の縁起観、無明観を一括りにした挙句、このように裁断している。

「木村がそれを人間における生命発動のダイナミックな地平で再構成しようとしていたのにたいし、世界と現象を論理の網の目のなかでとらえる方法と解したのである。その結果、無明とは根本仏教の立場にたいする無知、世界と現象に関する相互規定性についての無知と解釈されるにいたった」（山折『近代日本人の宗教意識』前掲）

かかる判別は議論を既成の図式に当て嵌めて構図化しているだけであり、彼らの、つまり木村や和辻、宇井の言議に対する繊細な目配りを欠いている。

繰り返しになるが、宇井と異なり和辻は、初期仏教の縁起を「世界と現象を論理の網の目のなかでとらえる方法と解し」てなどいないし、十二支縁起の無明を「世界と現象に関する相互規定性についての無知」と措定してもいない。それは木村による、かなり一方的な論点整理を無批判に受け容れた者たちによって不当に区画された幻の「和辻説」に過ぎなかったのである。

むしろ、仏説の縁起を「人間における生命発動のダイナミックな地平で再構成しようとしていた」という木村の研究目的に、私は、当時日本の知識界を席巻していた一大思潮である「大正生命主義」の反響を聞き取らざるを得ない。

また楠本信道によって判議されたように、「論理だけに捕らわれない木村の解釈は、一見正しいように見えるが、無明を輪廻の主体にまで押し上げて解釈するのは、木村だけに見られる特異な見解」なのである（『倶舎論』における世親の縁起観』平樂寺書店）

†和辻説の難点

もちろん和辻の論考にも、原始仏教論全般において、あるいは五蘊論、縁起論において、はたまたそれ以外の仏教全般の理解においても、幾つかの疑点、問題点が見出せる。例えば、彼のいう実践哲学の「実践」は、山折哲雄や氣多雅子らの挙げた批点とは異なる、おそらく彼らの批評の文脈とは逆の方面において深刻な問題を孕んでいた。和辻は現象学の「本質直観」というタームを多用しながら、「実践」の名の下、形而上学や神秘主義を原始仏教の解釈論に裏口から導入しようとしているからだ。

「すなわち無我無常五蘊等の法が超時間的に妥当するものであるとはいかん。〈如実知paññā〉ここでは真理とは存在者が時間的に移り行くものであること、その時間的なる存在者が五蘊所生であること等の如実知である」(「第一篇第一章」『仏教倫理思想史』『和辻哲郎全集　第十九巻』所収　岩波書店)

「如実知は絶対のものである。そうして本質の妥当することも、如実知によって権利づけられるのである。如実知はすなわち神秘的な直観であって、妥当領域はこの直観により成立するにほかならない」(和辻　前掲書)

「〈形而上学的なもの。哲学以外〉それは超感覚的な形而上学的なものである。認識不可能なるものとして哲学の領域より締め出さるべきものである。本質直観はかくして、無我の立場が断然投げ捨てた形而上学的なものを、古来の形而上学とは異なった意味で、すなわち存在者と縁なきものとして、認識不可能なものとして、再び立てるのである。そこに『認識不可能なるもの』を存在者としての人間が志向するという神秘主義(Mystik)が成立するのである」(前掲書)

さらにいえば、先述の通り「法」や「法の法」を、あたかもプラトンのイデアのごとき変滅せざる実体と看做した過誤である。この過誤は重大であり、無明の解釈をめぐる対立と並んで、第一次縁起論争の最大の論所と思われる。

ただ、これまでみてきたように、批判者の論考には、テクストの精密な読解を怠り、主知主義や論理主義のラベルを貼って済ませているものが目立つ。

†実存苦への木村の危機感

他方、木村泰賢の宗教的、実存的な問題意識の深さ、鋭さ、ほとんど危機感といっても過言ではないほどの尖鋭性は高く評価できる。それは実人生の、とくに老死から発出した具体的かつ実存的な苦を何としても解消しなければならないという切実感に満ちている。例えば、彼は生の支分の説明に「吾らに老死等の苦悩あるは所詮生まれたからである。生まれなかったならば、苦悩も憂悲もなかったのであるとは、すなわち老死の条件として次に生の来る所以である」と書き載せるのだ(「事実的世界観」第五章五節)。ニヒリスティックとも、厭世的とも看做し得るこの一節に、木村の実存苦に対する深刻な、切迫した危機感が窺える。また十二支の連鎖を心理的なプロセスとする解釈にも可能性を感じる。当世の用語で言い換えるなら「認識過程論」となろう。

ただ問題意識の切実性が、木村の原始仏教論をいささか性急なものにしている。それ故か、主意主義に過度に傾斜したり、有我論に限りなく近接したり、木村の行論には独特のコンシステンシーの弱さと危うさとが付き纏うのだ。「暈圏」なる曖昧な論域を設定したり、あるいは最終的に折衷に走りがちなのは、かかる所論の性格に起因するのではないか。しかも前述したように、彼は無我説を、人格向上という倫理的、実践的な目的のために掲げられたに過ぎず、教理の根幹に関わるものではないとすら示唆するのだ。

「仏陀が無我論を強く主張した他の一理由は、無我論を主張することは、有我論を主張するよりも、吾らの人格的価値を増進する上において、却って有効であるという実践的理由からであった。否、この方は、仏陀にとって、理論的方面よりも重大な根拠であったかも知れぬ」(「事実的世界観」第二章四節)

然るに和辻において、無我は主客や物心の別を超越し、五蘊、縁起などの諸法を観ずる高次の法の立場である。

「五蘊において我ありと計する凡夫のみが喜び悲しみ怒り苦しむと言われる。かかる喜びや苦しみが存在するものと見られるのは『我の喜びや苦しみ』としてである。無我の立場を守る限り物理的な物と心理的な物との区別はあり得ず、存在の仕方と体験とは一つでなければならぬ。ここに我々は、一切の対象界を意識に内在せしめる企てが、意識を対象界の範疇とするということによってなされているのを見る」(「実践哲学」「第一章根本的立場第五節」)

この無我に関する木村と和辻の評価の較差はあまりに大きく、深く、容易には埋め難い。詮ずるに、両者の、あるいは木村と宇井、和辻の争論の本質は、無明、無我の性質を最大の論点とするものではなかったか。

和辻は、木村の「原始仏教を貫く卒直感と実証感とが表われておらぬ」という批判に対し、こう答論している。

「もしこの批評が私の解釈の抽象的論理的であることを非難するものであるならば、私は木村氏の哲学に関する理解力を疑わざるを得ぬ。私は原始仏教の哲学の内に『内容のない単なる論理的型式』を全然見いださなかった。私はただ、最も具体的な、生きた現実の把捉をのみ見いだした。私はそれを繰り返して詳細に述べたつもりである」（「付録　木村泰賢氏の批評に答う」前掲）

「具体的な、生きた現実」を批判的に把捉したいのなら、それを一定の枠、括弧に入れ、そうして得られた一定の枠の、相互の連関や態様を客観的に観察し、省思する必要がある。和辻が傾倒した現象学の術語をあえて使うなら「エポケー（判断停止）する」必要がある。それをしも抽象的論理的な形式化と非難されるならば、もはや十二支縁起に代表される各有支縁起も、五蘊も、六処も、十八界も同等の論難を免れまい。仏教は、たとい最初期の段階といえども、その程度には〝知的〟だし〝批判的〟だったのである。

†無知と根本煩悩

ただ宇井、和辻がなおざりにし、木村がその虚を衝いた一点がある。前にも論じた「凡夫を明から遠ざける根本動力」とは何か、という問題だ。私は木村説を敷衍するかたちで、それを本能と言語によって駆動される盲目的生存欲望、根本煩悩であると推定した。つまり、根本煩悩に覆われているから無知なのであり、無知だから根本煩悩に覆われるのだ。盲目的だから無知になるのであり、無知だから盲目的になるのだ。この二者は相依の関係にある。

ナーガールジュナは「もし無明の因縁を、更にその本を求むれば即ち無窮にして、即ち辺見に堕し、涅槃の道を失せん。この故に求むべからず。もしさらに求めなば即ち戯論に堕せん。これ仏法に非ず」(『大智度論』第九〇巻)と戒めている。

しかしあえて、木村、宇井、和辻に倣って、無明のさらなる「本《もと》」を追究しようとすれば、無知と根本煩悩の相互依存に突き当ってしまう。相依関係は無限に循環するため、これ以上遡及できない。即ち無明が「本」であり、縁起の起源であり終極なのだ。これが私の無明解釈であり、縁起論の根柢だ。この私説は稿を改めて論述する予定である。

第一次縁起論争は、表層的には原始仏教の教理の性格をめぐって交わされているが、その実、後代の部派仏教やアビダルマ、さらには中観、唯識などの大乗仏教における議論を繰り込んでいたのだ。

†論争から撤退した伝統継述者

さて、この論争の直接の参加者のうち、論じ遺したのは赤沼智善である。赤沼は木村によって、十二支縁起の輪廻論的解釈を専らにする論者とのレッテルを貼られている(「縁起観の開展」上 三節)。宇井、和辻の説を一絡げに論理主義と決め付けたごとく、赤沼説も輪廻論に区画したわけだ。剰《あまつさ》え「古い縁起経」から読み取れる人生の現実、老病死の苦観に至る心理活動を凝視できていないとまで酷評している。

「私は古い経典といえども、已にその中に輪廻の意味を内含していたことを敢えて否定するものではないけれども、公平に正直に経典を読む限り、やはり現実活動(主として心理的経過)の様式に重きを置いての観察であったということは争われぬ事実と思う」(「縁起観の開展」上 三節)

こうした批判に対し、赤沼は事実上、論争から降りてしまう。

「十二縁起説については、最近重要な研究論文が引き続いて、仏教学界を賑わし、殊に宇井、和辻両氏のなされた見事な研究成績は敬服に堪えないものである。私は丁度、宇井博士の『十二因縁の解釈』が雑誌『思想』に発表せられた同月に、『十二縁起説の傳統的解釋に就いて』という論文を、雑誌『宗教研究』に発表し、いくらか伝統的解釈を説明するところに力を入れたため、伝統的解釈の支持者の様な風に考えられるようになったが、実は私の縁起に関する考えは幾度か変化し、あの時は、縁起説の伝統解釈がどうなっているか、伝統解釈は経典的根拠をどこに持っているかを調べた結果、出来たものを発表したものであり、それまでに十二縁起説について顕れた論文としては、木村博士の『原始仏教思想論』中のそれが最主要であったため、それに対応せしめつつ筆を進め、計らず伝統的解釈を支持するような意味が勝って来たのであって、同月に顕れた宇井博士の論文を読んで、啓発を受けるところが多く、自分の所論の不備、殊に、伝統的解釈が経典的根拠としているもの、そのものに向っての批判が足らなかったことを気づかしめられたので、決して、いつまでも伝統的解釈の支持者である訳はないのである」(「阿含經講話」第五章五節『原始佛教之研究』所収　法藏館)

自分は木村泰賢の論考に刺戟を受け、それを補うようなつもりで伝統的解釈を継述したに過ぎない。だが宇井伯寿の論考に触れて反省したという。

†赤沼の「二種縁起説」

こうして論争の前線からは早々に撤退したものの、赤沼の初期仏教研究にはみるべきものがある。

赤沼智善は一八八四年、新潟県長岡市の真宗大谷派の寺に生まれた。長じて、東本願寺の学寮を前身とする真宗大学を卒業。さらにスリランカ、イギリスに留学した。帰国後、真宗大学でパーリ語、原始仏教を講じ、研究活動にも力を注いだ。一九三七年、自坊の土蔵で奇禍にあい逝去。享年五三。業績は多岐にわたるが初期経典の縁起説の分類、分析はよく知られる。ニカーヤや漢訳阿含経を博捜、精査し、縁起支の数によって三十五種類に分類し、類型を見出して一覧表を作成した。剰え、それらを十二支縁起を機軸として「正系」と「別系」に区分し、さらに詳細な分析を試みている(「十二因縁の傳統的解釋に就いて」『原始佛教之研究』所収　法藏館)。

ただ、別系の縁起説をも正系の有支縁起の補足説明に過ぎないとする赤沼の見立ては、種々の縁起系列にはそれぞれ独自の思惟動機があり、個別に追究され発達したとする和辻哲郎の説と対立するであろう。

またブッダの教団を構成した四衆《ししゅ》、つまり出家修行者の比丘、比丘尼、在家信者の優婆塞、優婆夷の出身階層の調査など実に興味深い。赤沼はニカーヤとその注釈、各種の律、大乗経典、論蔵などを精査し、名前が伝えられている者たちの出身ヴァルナ(種姓、カーストに基づく身分）を特定している（「釈尊の四衆に就いて」『原始佛教之研究』所収　前掲）。

私達はすでに三枝充悳や森章司による、より詳密な資料整理や実証研究の成果を手にしているが（三枝『初期仏教の思想』東洋哲学研究所、森『原始仏教における縁起説について――その資料整理――』「中央学術研究所紀要」第一八号など）、当時、赤沼による縁起系列の製表、その行き届いた分類、経典の記述の実証的分析等は画期的だったと思われる。

こうした調査に基づく知見を踏まえて、彼は縁起説研究における非常に重要な仮説を導き出す。第一章で舟橋一哉の論考を紹介したなかで触れた、初期仏教における縁起は「有情数縁起」と「一切法因縁生の縁起」の二つから成るという「二種縁起説」をはじめて唱えたのは赤沼である。

この二つの縁起論は大戦を経て、戦後の第二次縁起論争にも引き継がれ、さらには現代の縁起説研究にも影響を及ぼす。赤沼智善の先駆的な業績の賜物といえよう。

二種縁起説に関しては、次章の第二次縁起論争の考察において、舟橋一哉による展開をみるなかで詳論しよう。

第四章

仏教学者たちの戦い

——第二次縁起論争の深層

†論争を主導した三枝充悳

第一次縁起論争でリーディング・ロールを演じたのは木村泰賢であった。第二次縁起論争で木村のような役割を演じ、論議を主導したのは三枝充悳である。

この「戦後の論争」が第一次論争と異なる点は、本書の第二章冒頭で指摘したように、アクターはすべてインド仏教学、初期仏教論を専攻とする研究者、即ち仏教学者であり、和辻哲郎のような仏教研究の専門家ではない知識人の参加はなかったことだ。尤《もつと》も『原始仏教の実践哲学』は和辻の博士論文であり、彼を原始仏教、初期仏教の思想を客観的な視点から記述し、分析し、評説する思想史家とみるならば、その専門性によって論争をする資格は備わっていたともいえる。喩えるならば、憲法学者間で交わされている憲法解釈上の論争に、法理学者が法哲学的観点から介入したようなものだ。

このような、他分野の学者による〝容喙〟がなかった分、第二次論争は争点が明確であり、議論の主題が絞り込まれている。ただそれ故に、仏教学内部の論理整合性や文献学的実証性をめぐるやり取りに多くの紙幅が割かれ、哲学的な深みや思想的な拡がりを欠いているという憾《うら》みなしとしない。

もう一つの特徴といえるのは、基軸となる論争の舞台が限定されている点だ。基本的に

「中外日報」という宗教専門新聞をアリーナとした。

「中外日報」は京都に本社のある中外日報社が出す新聞。かつて日刊だった時代もあったが、現在は基本週二、三回というペースで発行されている。宗教思想史家、真《ま》渓《たに》涙《るい》骨《こつ》によって一八九七年に創刊された「教学報知」を前身とし、一九〇二年、紙名を現在の「中外日報」に改めた。当初は宗派に囚われず「仏教の覚醒と宗教界の革新」に寄与することを目的に掲げた仏教専門紙だったが、紙名を変えて、教の別を問わず「宗教を中心として、政治、文学、芸術、産業その他内外の諸方面にわたる幅広い報道・論評と話題の提供」を旨とする総合宗教文化紙に脱皮した。

†計四九本の論争文

同紙での論争は三枝充悳、舟橋一哉、宮地《みやじ》廓慧《かくえ》のあいだで交わされた。一人一回につき二〜九本の論考を連続して掲載し、これを三者で三往復繰り返した。そして最後に三枝がさらなる反論と総括を行って終わっている。まず内訳を示しておく。

【縁起論争】シリーズ

〈1〉三枝充悳　［上］一九七八年四月二七日付、［中］同年五月二日付、［下］同年五月四日付

〈2〉宮地廓慧　［1］同年九月一四日付、［2］同年九月三〇日付、［3］同年一〇月五日付、［4］同年一〇月七日付、［5］同年一〇月一〇日付、［6］同年一〇月一四日付

〈3〉舟橋一哉　［上］同年一一月三〇日付、［下］同年一二月二日付

〈4〉三枝充悳　［1］一九七九年三月二四日付、［2］同年三月二七日付、［3］同年三月二九日付、［4］同年四月三日付、［5］同年四月一〇日付、［6］同年四月一二・一四日合併号

【紙上対論縁起論争】シリーズ

〈5〉宮地廓慧　［1］同年六月一四日付、［2］同年六月一六日付、［3］同年六月一九日付、［4］同年六月二一日・二三日合併号、［5］同年六月二六日付、［6］同年六月二八日付

〈6〉舟橋一哉　［1］同年六月三〇日付、［2］同年七月三日付、［3］同年七月五日付、［4］同年七月七日付

【緊急紙上対論 縁起論争】シリーズ

〈7〉三枝充悳　［1］同年八月一一日付、［2］同年八月一四日付、［3］同年八月一六・一八日合併号、［4］同年八月二一日付、［5］同年八月二三日付

〈8〉舟橋一哉　［1］同年九月一三日付、［2］九月一五日付、［3］九月一八・二〇日合併号

【緊急紙上対論 続・縁起論争】シリーズ

〈9〉宮地廓慧　［1］一九八〇年二月七日付、［2］同年二月九日付、［3］同年二月一二日付、［4］同年二月一四日付、［5］同年二月一六日付、［6］同年二月一九日付、［7］同年二月二一日付、［8］同年二月二三日付、［9］同年二月二六日付

〈10〉三枝充悳　［1］同年二月二八日付、［2］同年三月一日付、［3］同年三月四日付、［4］同年三月六日付、［5］同年三月八日付

期間は一九七八年四月から一九八〇年三月まで、ほぼ丸二年間にわたり、計四九本の論争文が掲載された。数だけみれば、議論が熟し陸続と立論がなされたかにみえるが、新聞掲載のため一回分の紙幅に厳しい制限があり、総量はそれほどでもない。

以下、「中外日報」紙上の論考を指す場合は、例えば三枝充悳の一九七八年四月二七日付の最初の記事ならば〈三枝〈1〉[上]〉と略記する。この一連の記事、即ち[上][中][下]すべてを表す場合には〈三枝〈1〉〉と略記する。同様に、舟橋一哉の一九七九年七月三日の掲載文ならば〈舟橋〈6〉[2]〉、宮地廓慧の一九八〇年二月七日日付〜同年二月二六日付までの一連の九本の論考全体ならば「宮地〈9〉」である。見出しなどは適宜、必要に応じて付す。

この論争に先立つ、幾つかの書籍、幾つかの論文を〝前史〟として参照する必要がある。また「中外日報」での論争が終結した後に、当事者によって書かれた文献も適宜参看する。これらは論を進めるなかで紹介していこう。

†三枝が放った第一の矢

まずは三枝充悳の放った嚆矢をみてみよう〈三枝〈1〉〉。すぐに目を引くのが「十二因縁説の独断」という大見出しだ。さらのその[上]の紙面には「釈迦の悟りを〝縁起〟で説くことに強く反論する」と中見出しが立っている。控え目にいっても挑戦的な紙面構成だ。

すでに本書第一章で瞥見したように、三枝充悳は「釈尊＝ゴータマ・ブッダは菩提樹下において十二支縁起（十二因縁）の理法をさとった」という説を全面的に否認している。三枝によればニカーヤなど初期仏教の資料を精査すれば「いわゆる縁起説、さらにその原型となるもの、あるいは適用・応用されたものが、いかに多く、いかに雑然としてあるかが、直ちに判明する」だろうという。同時にそれは「縁起説が、一定の枠をもった縁起説として確定していなかったこと、きわめて種々雑多なものであったことが、明白になってくる」。まして十二支縁起などは縁起説全体のほんの一部に過ぎず、それをブッダの成道の内容として示している資料はクッダカ・ニカーヤ（小部）所収の「ウダーナ」、「律蔵」所収の「大品《だいぼん》」などわずかしか見出せない。十二支縁起などは「かすんだ存在」に過ぎぬとまで三枝は確言してしまうのだ（三枝〈1〉［上］）。

三枝が有支縁起の記実として重視するのは、成道記事ではなく「思索追求」の過程の方である。第二章で引いたディーガ・ニカーヤの「大縁方便経」や、『『相応部』一二・二〇」のように「老死は何故あるのか」という問いから、その原因を推究して、どんどん遡り、最終的に無明（根本煩悩⇔根源的無知）にまで辿り着く過程の方がリアリティがある、というのだ。このプロセスを宇井伯寿は「自然的順序」と、木村泰賢は「往観」と呼んだこと、さらにこの往観の方が「迫力がある」とした中村元の評価も紹介されている。十二支縁起の往観（自然的順序）と還観（逆的順序）の問題は第二章で詳細に考説した。

†此縁性は縁起一般を表していない

さらに三枝は〈1〉［中］で、此縁性のセットフレーズを、有支縁起とは独立したより一般的な拡がりを持つ「縁起という思想」の表現と捉える思潮をきっぱりと否定している。お浚《さら》いをしておくと、此縁性（イダッパッチャヤター）の内容は次の二句によって表される。

「これがあるとき、それはある。これが生じるから、それが生じる」
「これがないとき、それはない。これが滅するから、それが滅する」

この二句を「縁起という思想」として〝普遍化〟する説に対する、三枝の批判は次の通り。

「『これがあるとき……』のフレーズは、つねにといってよいほど、有支縁起説（十二因縁説が大部分である）と一緒になって現われ、右のフレーズだけが独立に説かれることはありえない」（三枝〈1〉［中］）

第一章で纏めたように、此縁性のセットフレーズは十二の各支分の関係を表す式と解するのが妥当であり、「これ」や「それ」に隣り合う二支分を代入すれば、十二支縁起の一部を得ることができることを示すに過ぎない。例えば「これ」に無明を代入し、「それ」に行を代入すれば、「無明があるとき、行はある」あるいは「無明がないとき、行はない」等の四つの句が得られる。この操作によって十二支縁起の無明と行の二項に関する順観と逆観が得られる。

だから、例えば「苦あれば楽あり」や「始めあれば終わりあり」、あるいは「種を蒔けば芽を吹く」「蕾が綻べば花が咲く」「一身独立して一国独立す」などの関係説を「これあれば、それあり」の具体例と看做してはならない。要するに「これがあるとき……」の句は縁起一般を定式化したものではなく、あくまで有支縁起の関係を定式化したものに過ぎないのだ。有支縁起抜きの此縁性はありえない、とするのだ。

従って、「これがあるとき……」の此縁性のフレーズをもって「縁起という思想そのもの」とすることは「明らかに誤り」だ、と三枝は断ずる。（三枝〈1〉〔中〕）

この点について三枝の論証は間然するところがなく、異を唱える者も少ないと思われる。だが、それに続く次の一節が論争の的になった。

「したがって、そのような、いわばうつろな『縁起という思想そのもの』をもって、無常や、苦や、無我や、また四諦を説明・解釈することなどは、まったくとんでもないもの、といわざるをえない」（三枝〈1〉［中］）

では「縁起という思想そのもの」は原始仏教、初期仏教には存在しないのか。三枝は急いで「そうではない」と付け加える。「縁起という思想そのもの」は縁起という語で明示されなくとも、概念として叙説されているという。

「『に縁って』をふくむ語・句・文、そしてさらには、名詞の格語尾変化で、『によって』をあらわす語・句・文などに、見いだすことができるであろう」「そのような、あるものが他のものに『よってある』『よって…する』という、いわば依存関係にあるものを、『縁起という思想そのもの』と措定するのが、妥当であろう、とわたくしは考える」（三枝〈1〉［下］）

このように三枝は、十二支縁起および此縁性のセットと「縁起という思想そのもの」とを峻別し、双方を肯定する。

そうした上で、両者ともに一方的な依存関係であり「相依に拡大してはならない」と留保を付ける。また「縁起という思想そのもの」を認めても「無常、苦、無我、四諦などの説明に、それを用いてはならない」と釘を刺している。有支縁起や此縁性であろうが、縁起思想一般であろうが、他の仏教の中核的な教義である、苦や四諦、無常論や無我説は縁起によっては説明できないというのだ（三枝〈1〉［下］）。

†三枝の五つのテーゼ

この一連の記事に三枝の提起がすべて出ているので箇条書きに纏めておこう。

（A）十二支縁起はブッダの悟りの内容ではない。

（B）十二支縁起に代表される有支縁起に付されている此縁性のフレーズは、縁起説一般を形式的に表現したものではなく、有支縁起における隣り合った二支分間の生起と滅の因果関係を定式化したものに他ならない。

（C）一般的縁起説（「縁起という思想そのもの」）は十二支縁起や此縁性とは別個に提示されてある。

（D）有支縁起・此縁性も、一般的縁起説も、一方向の依存関係を示すのみであり、相互依拠の関係は示していない。

（E）有支縁起・此縁性も、一般的縁起説も、無常、苦、無我、四諦などの仏教の基本教理を基礎付けるものではない。

かかる三枝充悳の説を、第二の論者として『中外日報』のステージに登壇した宮地廓慧はほとんど認めてしまう。

†宮地廓慧の「モーティヴ」論

ただ宮地が強く固執したのが「釈尊の〈さとり〉の独自性」だ。確かに十二支縁起はブッダの悟りの内容を説くものではないが、その悟りの性格、意義または徳用を説いている、というのだ（宮地〈2〉）。

悟りの性格、意義、徳用とは何か。

「原始仏教の縁起説は、〈無明〉すなわち仏教的叡智の欠如によって〈老死憂悲苦悩悶〉が結果することを明らかにせんとするもので、それが全部の有支縁起説に共通する根本モーティヴである」（宮地〈2〉［2］）

無明と苦の必然的な牽連を説くことこそが縁起説の趣意であって、宮地によれば「〈無明〉こそが〈苦悩〉の根源である―従って〈明〉こそが〈浄楽〉の根本である―との基本原則」に貫かれているところに眼目があるのだ。

宮地の方法は、資料に基づく厳密な文献学的推定よりも、縁起思想の動機や真意、まさに「モーティヴ」を重視し、それを掘り起こして、ある程度深度を得た知見に基づいて、改めて経や論の釈義を行うというものだ。

例えば、縁起の異時、同時に関する問題の考察のなかで、同時的関係（因果倶時）を承認し、それを承認した以上、「いわゆる〈論理的〉解釈なるものに立たざるを得なくなる」と述べる（宮地〈2〉［3］）。

さらに進んで、同時的解釈の考察を深め、縁起説の可能性を自在に押し広げていく。「特に同時縁起における逆観の意味は重視さるべきであろう。〈無明〉が滅して、それに同時縁起していた一切の支―行・識乃至苦悩―の〈意味〉が同時に滅するということは〈苦悩〉の世界の支えのすべてが、一時にその〈意味〉を失うことである。そこには〈無明〉の境地と〈明〉の境地との相互排除の関係が認められる」（宮地〈2〉［4］）

†素っ気ない「反論の反論」

こうした宮地の非文献学的な、原始仏教、初期仏教の文典に留まらず、アビダルマや大乗仏教の縁起の教説をも視野に収めたフィロソフィカル（哲学的）な推論は、フィロロジカル（文献学的）な実証に基づくことを格率とする三枝にとって意味のないものにみえたのであろう。

彼の実証や言及の対象はあくまで「初期仏教の縁起説」であり、宮地のように資料を読み込んで、その拡がり、その深みを確認し、思想のコアや発展性を摑み出そうとする試みは少なくとも学術的知のあり方として正道とはいえないのだ。

従って、三枝の「反論の反論」は実に素っ気ない。例えば、宮地の強調する「〈無明〉と〈苦悩〉との必然的な結びつき」について、十二支縁起の無明の支分が、三支〜十支の有支縁起には欠けていることを言挙げして、次のように批判する。

「『苦の追究』を根本モティーフとするという御意見は、わたくしも拙著にくり返し記しましたように、まったく賛成です」「しかし『無明と苦悩との結びつき』ということは、いかに主張したくても、無明の存在しない場には不可能であり、結局はやはり十二因縁説そのものから離れていないことになると思われます」(三枝〈4〉[3])

宮地の論説の意図を読み込んだ上で反論するのではなく、あくまで資料を絶対的な信拠とし、一見その記載と矛盾した論述を神経質に斥ける……。この論争において三枝はかかる姿勢を一貫して保ち続ける。読み方によれば〝木で鼻を括る〟かのような対応といえよう。

†三枝の頑な姿勢

宮地廓慧も三枝のあまりに頑な批評態度にはたじろぎを隠せない。それでも、自分のいう〈無明〉は何も十二支縁起の支分としての無明を直示するものではなく、この論脈では、一般概念として〈無明〉を用いたのであり、しかも「殆んどの場合、〈仏教的叡智の欠如〉

という説明語を並記しておいた筈」だと反駁している。「不知聖法」や「不如実知」の意だというのだ（宮地〈5〉［3］）。ここは前章でみた、和辻哲郎の無明論と同一である。「要するに〈仏教的叡智の欠如〉が〈苦悩〉の根源であるとの主張が、各種の有支縁起系列を一貫する根本モーティヴであるというのが私の言いたいこと」とした上で、無明の支分が「三支〜十支の有支縁起には欠けている」との三枝の批判を逆手に取って、「それなら博士が『まったく賛成』といわれる『苦の追究』という根本モーティヴだって、少くとも十二支縁起説にはそのままでは存しないのですがどうしましょう？」と切り返している（宮地〈5〉［4］）。

三枝の〝客観的な〟議論にも独特の偏性がみられる。例えば彼はイダッパッチャヤターに対し、執拗に「有支縁起」と訳語を当てようとする。後に梶山雄一はこの三枝の態度を「これがあるとき……」というセットフレーズの非独立性、非抽象性を強調したいがために「勢の余るところついにこれを『有支縁起』と呼ぶにいたった」と評したが（『縁起説論争――死にいたる病――』「東洋学術研究」第二〇巻第一号）、宮地廓慧もこの点を鋭く突いている。

「博士は〝idam（此）＝支（anga）とみて、〝idapaccyatā〟＝bhāva-anga＝支縁起＝有支縁起とみておられるようですが、これには果たしてどれだけの言語学的根拠があるのでしょ

うか？」（宮地〈5〉［4］）

舟橋も同様に批判している。

『有支』という言葉は、仏教の術語として或る程度定着している言葉です。だからわれわれ梵語の心得のある者は、反射的にすぐbhavāngaを連想します」「あなたは、idamが『有支』を指すと理解して『有支縁起』と訳されたのでしょうが、それはあなたの解釈であって、たといその解釈が正しくても、訳語としては適当ではありません」（舟橋〈6〉［4］）

既述したように、イダッパッチャヤターの直訳は「此《これ》を縁とすること」であり、ここから「有支縁起」という訳語は導き得ない。宮地、舟橋の表明した違和感は尤もである。この「此」が一意に支分を指す、という前提を認めてはじめて成り立つ、かなり苦しい意訳なのだ。

さらに実用的にも問題がある。もしこの語が採用されれば、十二支縁起、十支縁起、五支縁起、三支縁起など支分を要素とする各縁起を総称する場合の「有支縁起」と区別が付かなくなる。明らかに適切性を欠いた訳語だろう。幸いなことに、時の流れのなかで自然と三枝案は退けられ、此縁性という訳語が定着した。本書もその用語法に倣っている。

この一事に留まらず、論戦全般にわたって、三枝の「勢の余るところ」「にいたった」

類の言容が目に付き、少々常軌を逸しているようにみえる。一般紙上とはいえアカデミシャン同士の学術的論争の場で、なぜに彼はかくも焦心を尖らさずにはいられなかったのか。

†三枝による舟橋一哉論駁

三枝充悳の姿勢は舟橋一哉に対してもまったく変わらない。

舟橋との間の主要な争点は(A)「縁起説は無常の根拠たり得るか」、(B)「初期仏教の縁起思想は『有情数縁起』と『一切法因縁生の縁起』の二面が認められるか」に集約される。もちろん(A)(B)は舟橋にとっては相互に緊密に連絡している。

舟橋は「中外日報」での論争の遥か以前、一九五二年刊の著書『原始佛教思想の研究』(法藏館)で「縁起の故に無常である」という論理を展開している。そして三枝は、論争開始とほぼ時を同じうして上梓された著書、『初期仏教の思想』(東洋哲学研究所、後に第三文明社レグルス文庫)で、舟橋の説を全面的に否定したのだ。

「中外日報」での三枝、舟橋間の争論は、この前段を踏んだものである。

(A)をめぐる論争を概観するに当たって、まず『原始佛教思想の研究』(法藏館)における舟橋の論旨を確認しておこう。

舟橋は、ニカーヤなどの原始経典、初期経典を具《つぶさ》に調べても「無常の論理的根拠は遂に追求せられていないのである」とまず述べる。しかしなぜに無常なのか、という根源的な問いをゆるがせにはできない。そこで舟橋は、無常の論理的根拠は縁起にある、と推す。ここでいわれる縁起とは何か。

「『あらゆるものは種々様々な条件に限定せられて（これが「縁」の意味である）、仮りにそのようなものとして成り立っている（これが「起」の意味である）』、ということである。それ故に条件が変れば、そのものはどのようにでも変化する訳であるが、その変化することを無常と言う。即ちもう一度言えば、固定不変でないことが無常である」（『原始佛教思想の研究』）

「そのように一切法が変化するものであることに対しては、前述の如く縁起説がその論理的な根拠となっているのであるが、このことからして、縁起説との関係においても、この無常ということが変化を表わす語であることが解る訳である。即ち、ものは条件によって成り立っている（即ち縁起している）のであるから、条件次第でそのものはいかようにでも変るのである。それ故にこそ、『縁已生法（pratītya-samutpanna 即ち条件によって成り立っているもの』）という語が、また『無常』の代名詞として用いられる場合も多いのである」（舟橋　前掲書）

三枝は舟橋のこの議論を次のように整序している。

上引の中核をなす「ものは条件によって成り立っている（即ち縁起している）のであるから、条件次第でそのものはいかようにでも変る」という命題をパラフレーズすればこうなる。

「或るもの〔たとえばA〕は条件〔たとえばBまたはBC……〕によって成り立っているのであるから、条件〔BまたはBC……〕次第で、そのもの〔A〕はいかようにも変わる。となる。これを論理的に整理すると〔便宜上、もの＝A、条件＝Bとする〕、

Aは B によって成り立っているから、Bが変化すればAは当然変化する。

ということになる。またこの文章において、変化を無常といいかえれば、

Aは B によって成り立っているから、Bが無常であればAは当然無常である。

ということになる」（『初期仏教の思想』下 レグルス文庫版）

一読すれば明らかだが、「変化」であれ「無常」であれ、事物Aと条件B（C……、以下略）との関係性を、つまり縁起を原因として生じたものではない。単にBに、延いてはAに外部から与えられたものに過ぎない。どうしてこの理路で「縁起の故に無常である」の説明が付いたと看做せるのだろうか。

三枝はこの点を容赦なく突いている。

「『変化』また『無常』に関していえば、ここでAがBに条件づけられて成り立っている

ということ、すなわち縁起ということとは、いわばはみ出してしまい、全然不要となってしまう」「それを逆にいえば、さらにはっきりする。すなわち、Aがまったく Bに限定され依存して成立している＝縁起している場合でも、もしもBが変化しないならば、Aは変化しようがない、またBが無常でないならば、Aもまた無常では決してあり得ない」(三枝前掲書)

要するに舟橋の図式では、無常は「Bに、延いてはAに外部から与えられたものに過ぎない」で話が尽きてしまう。三枝も同書で「そのBの変化―無常はそれではどこから出てきたか。これはまったく唐突として出てきているとしかいいようがない」(前掲書)と難じているが、この批判は正当である。

ただ後に梶山雄一や村上真完によって指摘されるが、〝変化しないB〟〝無常ではないB〟とは端的に「実体」と呼ばれるべきものであって、一般に仏教では存在し得ないものとされている。

「三枝氏は、さきに紹介したように、もしBが変化しないならばAも変化しない、と論じて舟橋氏の縁起→無常を否定したが、そこで用いている『変化しないB』とは実体以外の何物でもない」(梶山『縁起説論争――死にいたる病――』前掲)

もし実体という概念を、理証の媒介として用いることができるならば、七世紀中葉の大乗仏教の学匠、ダルマキールティによる実体の否定論証を準用して、「作られたもの、縁起せるものは瞬間的存在、つまり、無常なるものである」ことを論証できるはずだ、と梶山はいう（梶山　前掲論文）

また村上真完も、Bに関して「無常でない条件（つまり永遠不変な条件）という想定は、単なる想定、想像としては可能であるにしても、初期仏教の思考法の中には、あり得ないものと思われる」と三枝の前提に疑義を挟んでいる（『縁起説と無常説と多元論的分析的思考法（1）』「仏教研究」第29号）。

†無限後退する舟橋説

さらに舟橋は「条件が変化すれば、それに縁って成るものも変化する」という論理を展開している。

「私が『ものは条件によって成り立っている（即ち縁起している）のであるから、条件次第でそのものはいかようにでも変わるのである』といったとき、具体的にはどのようなことを指すか」「どういうわけで人間の心身は変わり易いのであるか、といえば、この心身を成り立たしめている種々様々な条件が、一定不変ではないからである」（舟橋〈3〉［下］）

敷衍すると、縁起を「諸条件によって生起すること」と定義するならば、例えばAという事物は、B、C、D、E……などの「種々様々な条件」によって成り立っていることになる。そして、これらB、C、D、E……の諸条件のあり方は無常である。各々「一定不変ではない」。それ故、これら無常なる諸条件によって成り立つAは無常となる、というわけだ。

この理屈ならば、それぞれ無常である条件Bや条件C、条件D、条件Eなどが縁起した結果としてAの無常があるようにみえる。「縁起→無常」の因果関係が論証されたかに思われる。

だが、さらに「それら、条件B、C、D、E……が無常である原因は何か」と問われれば、「条件B……を成り立たせている諸条件が無常であるから」と答えるしかない。つまり、この説明は端的に無限後退に陥っているのだ。

†反撃する舟橋一哉

三枝の論難に対し、舟橋はニカーヤの記載を挙げて反論している。

「『無常』と『有為』と『縁已生』とが同義語として並べて説かれている文例を挙げることができる。このような文例は初期仏教では極めて普通のことである」（舟橋〈3〉［上］）

この引文で舟橋が注目しているのは「縁已生」だ。これはパティッチャサンパンナ／pを原語とし、「縁起所生」「因縁所生」「縁生」などとも訳される。意味は「縁によって生じた事象」であり、「縁起の結果」といえる。本書の、引用箇所を除く〝地の文〟では、最も一般的な「縁已生」の訳語を採用する。ちなみに、舟橋が無常や「縁已生」と同義としている「有為」の原意は「集め作られたもの」だ。

舟橋は、多くの経典に無常と「縁已生」が同義語として並置されており、かつ「縁已生」は「『縁起の道理に従って、生じているもの、そのようなものとして成り立っているもの』ということであるから、縁已生なるものに先だって、まず初めに『縁起の道理』なるものが考えられる」（舟橋〈3〉［上］）とする。つまり「縁起→縁已生」であるのだから、「縁已生」と同義語として並記されている有為や無常にも「縁起→有為」「縁起→無常」という因果関係が伏在しているはずだ、という論理構成が取られている。

「これら三語の間にはもともと思想上の関連があるので、その為にこの三語が同義語として併列されたのです。『有為』という語は『集め造られたもの』という意味で、因縁が和合して生じたもの、即ち条件に依存して成り立っている現象的存在を意味する言葉です。おそらくこの言葉が用いられた最初の時代から、すでにその中に『無常』の意味を含んでいたものと思われます」「そして『有為』という言葉と『縁起所生』という言葉とは、全く同じ構造をもった言葉です」「それ故に、『有為』という言葉がすでに『無常』の意味を含んでいたのと同じく、『縁起所生』という言葉そのものの中に、すでに『無常』の意味が含まれているものと言わねばなりません」（舟橋〈6〉〔2〕）

ここまで確認した上で、舟橋は畳み掛けるように結論を導く。

「そうなると、『縁起→無常』ということがここに示されていることになるでしょう。なぜならば、『縁りて集めて生起したもの』が『縁起所生』であり、それは無常であるのに対して、そのように『縁りて集めて生起すること』が『縁起』であるからであります」（同前）

†三枝の退却戦

この舟橋の攻勢に対し、三枝の反論は詰まるところ、「無常」「有為」「縁已生（縁起所生）」の三語は単に並列されているだけとしか解釈できず、これら三項を相互に連絡させるような「思想」などないことを繰り返すことに終始している。ましてそこに「縁起→無常」の因果の的証など見出すことはできない、という。

「四部四阿含のみに限定しても、三語がそれぞれ独立・単独に説かれている資料は、拙著中に明らかなように、多数現存します。それらがすべてそれぞれ経であり、仏説として信じられ伝えられてきたという事実を無視することは、なんびとにも不可能」であると、文献学的蘊蓄を傾けて圧倒しようとする（三枝〈10〉［3］）。

しかのみならず舟橋は、クッダカ・ニカーヤ所収の「テーリーガーター」の一節を経証として挙げ、三枝を追撃する。「テーリーガーター」は漢名を「長老尼偈」というが、「中外日報」の原文（舟橋〈3〉［下］）では「長老偈」になっている。「長老偈」は、同じクッダカ・ニカーヤ所収の別の経（「テーラガーター」）の漢名である。おそらく誤植だろう。

では、当該の偈を中村元の訳で確認してみよう。サクラー尼の告白である。

「もろもろの原因から生じ、壊滅するものであるもろもろの形成されたもの（諸行）を、（自分とは異なった）他のもの（わがものでないもの）であると見なして、わたくしは、あらゆる煩悩を捨てました。わたくしは、清涼にしてやすらかなものとなりました」（『尼僧の告白　テーリーガーター』岩波文庫）

舟橋は「もろもろの原因から生じ」という節に「縁起の道理」を見出し、「壊滅するもの」という節に無常を見出している。そして「もろもろの因から生じたので壊滅する」、即ち「縁起の故に無常」という理路を導いている。

「即ち曰く『因から生じた破壊すべきものである諸行を他のもの（即ち無我）であると見て…』『因縁所生の法であるから無常であり、無我である』という意味をここに汲みとる

ことができると私は見るものであるが、そのように見るのはそれほど無理な見方ではないであろう」（舟橋〈3〉［下］）

三枝はこの指摘に対し、「因から生じた」と「破壊すべき」の二つが「諸行」とともに単に併列されているだけであって、「そのあいだに『であるから』という論理関係を入れて読まなければならないとは断定できない」と反論する。ただここで三枝は、舟橋説に一歩譲歩する。

「そのような併列のままに放置する読みかた・解釈もまた可能であるということを残しておきたい、というのがわたくしの考えです」（三枝〈4〉［4］）と、控え目な言容になっている。

†終始平行線のままで

無常の根拠をめぐる討究は、「原始仏教の論理的・哲学的解釈」を試みる舟橋と、「意固地にまで文献学者としての立場を守り、資料の範囲を一歩も踏み出まいとする」三枝の、方法論、研究に対する姿勢の違いから、論点が嚙み合わないまま進行し、そのため両者ともに最後までお互いの主張を譲らず、結局、決着をみないで終わる（引用部は梶山　前掲論文）。舟橋が（舟橋〈8〉［3］）で総括しているように、彼と三枝の相異は「平行線的なもの」のままで推移しただけだった。

だが客観的にみれば、舟橋の釈義にはいささか無理があり、彼が支証として提示した経典の一節も、せいぜい「縁起しているものは無常であり、無常なるものは縁起している」ことを表示するに留まるとみるのが自然であろう。この点、少なからぬ学者が最終的には三枝の方に軍配を上げたのは無理もない。

同時に「無常―苦―無我」と縁起説のあいだには、少なくも初期仏教においては何の関連も連絡もなく、かつ「〈縁起という思想そのもの〉をもって、無常や、苦や、無我や、また四諦を、説明・解釈することなど、まったくとんでもない」(三枝〈04〉[2])とする、三枝のリジッドな資料解釈も少し視野が狭すぎるのでないか、という違和感を禁じ得ない。しばらく論争を離れ、視点を変えて、この問題を考察してみよう。

†「なぜ無常か」を問う無意味

そもそも「無常の根拠」を問うことに、意義が、とくに仏教的な意義が認められるのだろうか。例えば「この世の一切が無常である」とされているのに、その世界内で「なぜ無常か」という問いを発するのはまったく無意味である。その答えとなるべき無常の原因となる事項もまた無常たらざるを得ないからだ。

舟橋はこのことに無頓着ではない。例えば『原始佛教思想の研究』で「釈尊の説法は論理の解説ではなかった」と明言している。而して「『縁起の故に無常である』ということは、唯だ一つの論理に過ぎない」（前掲書）とも言明する。

「宗教は無常と直接に対決する所から生れ来る。裸になって『無常』という現実の真只中に飛び込まなくてはならない。無常を向うに置いて、客観的に観察するのではない。それは無常を解釈する立場である」「無常を身証する立場は、恐れることなく、憚ることなく、無常を無常のままに受けとめるのである」「それ故に諸行無常ということは、論理的追求によって到達せられた結論ではなく、謂わば宗教的叡智の直観によって到達せられたものである」（舟橋　前掲書）

これはその通りである。無常とは言葉や論理の対象ではなく、直観されるべきものであり、絶対的な事実としてである。

ただ人の煩悩が執著して、自己を含む無常なる一切のものやことを、あたかも無常ではないかのごとくに錯視させる。根本煩悩たる根源的生存欲は本能に根ざしているが、事物を無常ならざる実体と思い込ませる役割を担っているのは主に後天的に獲得された言語による分別である。

しかし本能や言語がどれほど強固に、我《が》や事物を常住なる実体と思い込ませても、やがて物は毀れ、事は変性し、自分は長じ、老い、病み、そして死ぬ。「無常ではない」という信憑に囚われた者が「無常である」現実に直面したとき苦が起きる。ここでいう苦とは言葉の虚構性の露呈に他ならぬ。

この苦を齎す、私達の認識の慣習、実覚の体制を、心身や知の修練によって解体することこそが仏教の目的なのだ。

舟橋は、ニカーヤ全体を通じて「無常の論理的根拠は遂に追求せられていない」ことを認める。ブッダは「何故に無常であるか、と言うことに就いては何も説いていられない」のである（舟橋　前掲書）。経典において、無常はいつも無前提に、ときとして唐突に登場し、自明のことと扱われる。その原因や起源に説き及ぶことなどない。然るに、舟橋はこれを訝しみ、初期経典を「批評的に研究して」無常の根拠を尋ねようとしてしまう。自ら、無常が論理によって到達された帰結ではないと認めながら、理をもって詮索を始めてしまう。

だが、無常に根拠などないのだ。すこし前にも述べたし、これからも繰り返し述べるが、無常の一斑は日常的な実感においてすら捉え得る。ただ多くを信解し、全豹《ぜんぴょう》に肉薄するためには一定の修習を要する。無常はそういう前提的事実であり、仏教においては絶対的である。この「絶対的」の意は、例えば「不変なるもの」「常住なるもの」「同一的なるもの」がどこかにあって、それとの対比において成立するような相対的な「概念」などではない、ということだ。例えば哲学者の永井均は仏教の無常の「概念」を批判して、次のようにいう。

「無常ということがしばしば説かれ、この世のすべてのものは生滅・変化して同一にとどまることがない、などと言われる。しかし、そもそも生滅や変化は何かが同一にとどまることを前提にして成り立つ概念である。たとえば運動（空間的位置の変化）であれば空間の同一性、不変性が前提となる、というように。この世のすべてのものが無常であるなどという教説はそもそも意味をなさない」（永井、藤田一照、山下良道『〈仏教3・0〉を哲学する』春秋社）。

然り。無常は何か意味を成しているのではない。無常は、ここで永井の想定しているような「概念」ではないのだ。意味の外にある絶対的事実が無常なのだ。真の死が意味の外部に立つ事実でしかないように（だから言語は、真の死を表意できない。「死」という語が指し示しているものはすべて偽りである。真の死は言葉の指示対象としての資格を端的に欠いている）。真の無常も、諸概念の相対性のなかでそのすべての意味を生成させることはない。つまり無常は思惟の領域にはなく、言詮《げんせん》を絶しており、概念的な存在として成り立っていない。第一章でみた通り、ブッダは梵天の勧請を謝絶する際、かく表白している。

「わたしが感得したこの真理はじつに深遠で、見がたく、理解しがたく、静寂で、すぐれていて、思考の領域ではなく、微妙で、賢者によって知られるべきものである」（傍点引用者、「聖なるものの探求――聖求経」『原始仏典第四巻　中部経典Ｉ』春秋社）

ナーガールジュナは「空七十論」一三節「無常などは存在しない」で、この論点につき答論している。

「反論者は言う。――『すべては無常である』といわれており、『すべては無常である』と示すことによって、不空であることも示しているのである。

これに対して答えて言う。

すべては無常（といわれるが）、無常なるものも恒常なるものもなんらあるのでない。存在《もの》があるとすると、恒常なるものか無常なるものかであろうが、どこにそのようにあるであろうか。〔五八〕

『すべては無常である』といわれるが、このばあい、説こうとされていることを知らねばならない。なぜなら、無常なるものも恒常なるものもなんらないからである。もし存在《もの》があるならば、恒常なるものか無常なるものかであろうが、それらの存在《もの》がどこにあろうか、どこにもない、と説いたのである」（瓜生津隆真訳「空七十論（七十詩頌の空性論）」『大乗仏典14　龍樹論集』中公文庫）。

然るに、賢者ならざる凡夫において無常は苦だし、死もまた端的な恐怖である。何故に恐怖であり、苦であるのか。無常も死も意味の領域、名辞の領域に取り込むことはできないが、にも拘わらず、あるいはそれ故に絶対的な事実として直観できるからである。

山口瑞鳳は仏教における無常の構造を「三つの時間」論として整理している。

「大まかに言うと、『三つの時間』とは次のようになる。先ず、第一の時間では、知覚原因になる外界の先験的〈変化〉が、過去と未来の境になる〈今〉として、未来へと経過しながら停滞なく消失する。この知覚原因の〈変化〉に向き合っている生体が、天与の感受機能により外界の時間的経過を知覚に取り込み、持続する瞬間の空間的軌跡に変えて静止、移動の『表象』を纏める。この瞬間毎の虚構の『現在』に表象が成立し、その直後に消失する。これが第二の時間である。表象は瞬間の前後が区別されないまま静止的に捉えられ、そこから抽象された没時間的形態観念が、それを指す名称と共に『名色』として構成され、記憶されたその『名色』から言語表現が形成される。新たに経験され、誤って外界の捕捉とされる表象は全て、想起された『名色』に同定され、言語表現どおり『生・滅』する実体として認識される。この実体を支える『名色』の没時間的恒常が最後の第三の時間である」（引用者注：同書では、〈 〉内に入っているのは先験的な事象を示す語である。『評説　インド仏教哲学史』岩波書店）。

「現実には、先験的な外界に〈今〉〈変動〉する〈経過〉があり、そこから取りあげられた原因が経験主体による瞬間毎の『現在』の表象知覚になる結果の世界のみがある。しかし、われわれの心を支配しているのは、その二つのいずれとも隔絶した、歴時性を反映しない実体的な『名色』で構成された記憶であり、それに基づき静止的な『言語表現』の世界が日常の必要に応じて形成される。結果の経験表象が外に投影されて外界と見なされ、それが『名色』に照合され、実体と認識される。『言語表現』は実体で構成されるその世界が『生・滅』して『変化』すると偽りを述べるが、『言語表現』に埋没する人間はそれを納得する。そのような日常的な、根深い拘束がわれわれを実体への執着に結びつけて止まない」(前掲書)

山口は続けて、その執著の「最たるものが『死』の恐怖である」と結語している。これは中観派の大学匠、シャーンタラクシタの教説を参照しつつ組み立てられた時間論だが、本来言表に馴染まない無常の構造に、推論によってギリギリまで迫った例といえるだろう。だが、元来語り得ぬことを語ろうとしているため、頗《すこぶ》る晦渋な表現になってしまっている。

念のため付言しておくと、谷貞志《ただし》はこの山口の無常論に対し「カント哲学のように現象の先験的条件を構成するような超越論的なものを前提とすることができるのだろうか。知覚や推論において語れないようなものを前提とすることこそ、『歴時的因果』の形而上学ではないだろうか」と尤な疑を呈している（『刹那滅の研究』春秋社）。

ただ山口において「第一の時間」や「歴時的因果」が「知覚や推論において語れない」とされているというのは過当な評であろう。それは「先験的」ではあっても先験の事象ではない。確かに凡夫にとっては「第一の時間」を精確に知覚することは困難だろうが、しかしまったく知覚できないわけではない。それどころか、知覚できるからこそ、私達は苦（ドゥッカ）なるものを感じるのだ。だからこそ「『死』の恐怖」を覚えるのだ。そして発心の契機を摑み得るのだ。スマナサーラも「無常はなんとかして、経験、体験できるのです。だから現象の観察は、無常から始まるのです」という（『般若心経は間違い？』宝島SUGOI文庫）。これについては、次章の無常をめぐる論議のなかで改めて考説する。

推論の場合も同じで、言詮の領域、意味の領域の外にあること、ブッダのいう「思考の領域を超えた」ことに関して、言葉でいい尽くすことは不可能であるにしても、近接はできるし暗示もできる。現に山口瑞鳳は、他者に理解可能な範囲で推究している。

さらに心身の修習《しゅじゅう》を積むことで、通常の、自然的な「知覚や推論」では通達《つうだつ》できない、つまり「思考の領域」にはない事象の実相をかなり見渡せるようになるのだ。

†舟橋の「二種縁起説」

しかし舟橋は、どうして無理押ししてまで無常の根拠を縁起に求めざるを得なかったのだろうか。

一つには仏教の宗教性をいかに担保するかという問題意識があったと思われる。舟橋は次のようにいう。

「『無常』を論理のまな板の上にのせて、どのように料理してみても、そこからは宗教は生まれて来ない」「『無常』を論理的に説明・解釈してみても、無常をこえる道にはつながらない。かえって、無常に徹することから、無常をこえる道は開けて来るのである」「だから釈尊は無常の論理的な根拠を提示されなかったが、初期仏教の教義の上から敢えてそれを追究して行けば、それは縁起の思想である」（舟橋〈3〉〔上〕）

だから「縁起の故に無常」が要請される、という。前半の「いかにして無常から宗教が生まれるのか」、換言すれば「無常における、仏教の宗教たる所以は何か」という問いは、先にみた『原始佛教の思想』の一節と響き合っており、よく理解できる。だが、どうして「縁起→無常」という因果関係の認定がその答えになるのか。この飛躍は埋められていない。

二つ目は「一切法が縁起している」という一般的、普遍的な縁起説を教理において基礎づけるために、無常の根拠として縁起を措定せざるを得なかった可能性がある。

逆の観点からみると、伝統的な解釈の十二支縁起説によっては、それが専ら時間的な因果関係であるとしても、無常の機制を実時間に沿ったかたちで説き明かすことはできない、といえる。十二支縁起の伝統説である還観—順観は、即ち無明から老死に至る流れであり、かつ煩悩や行為や苦の生起のプロセスを表す。しかし、第一章でみた「刹那縁起」や「連縛縁起」の説を採らない限り、煩悩や行為や苦の継起は「いまここ」で、無常として立ち現れ得る事態ではない。十二支の連接は、リアルタイムの無常の様相を記述しているのではないし、それを目的としたものでもない。況んや往観や逆観の道程においてをや。無常を一つの教説と捉えたとしても、実は十二支縁起説との関連性は薄い。ここに十二支縁起を、反省的に捉えられた論理的因果関係と看做す考拠がある。

舟橋において「一切法」とはまず六根（眼・耳・鼻・舌・身・意）、六境（色・声・香・味・触・法）など有情の生存を構成している内外の全要素を指す。これら全生存要素が縁起によって存立しているというのだ。舟橋はこれを「一切法因縁生の縁起」と呼ぶ。

すでに第一章や第三章末尾で案内したように、「有情数縁起」と「一切法因縁生の縁起」という言葉を用い、初期仏教には二種の縁起説があったと初めて主張したのは第一次縁起論争の参加者、赤沼智善である。

舟橋は赤沼説を引いて、表現の異なる定義も示している。論争終結からおよそ三年を経た一九八三年、彼は第二次論争で大きな争点となったこの論題について、己が立場を改めて整理した論文を書いている。その論文、『「一切法因縁生の縁起」をめぐって』（「佛教學セミナー」第三七号）で、舟橋はこう説述している。

「『一切法因縁生』とは、『迷いの生にあっては、すべては種々様々な条件によって条件づけられて存在するもの、即ち条件に依存するものばかりであって、条件を離れて、条件と無関係に存在するものは一つもない』ということであり、そういうことを説く縁起説を『一切法因縁生の縁起』というのである」

では「有情数縁起」とは何か。同論文によれば「有情が迷いの世界に流転する、その流転のすがたを説く縁起説」ということになるが、要は三支〜十二支の有支縁起のことだと考えてよい。

ただ舟橋の「二種縁起説」は赤沼のそれと同一ではない。赤沼自身も認めるように、二種の縁起を完全に別個のものと捉えると、「一切法因縁生の縁起」を示す「この方面の所説は極めて尠《すくな》い」（「佛教概論」第二章　縁起『佛教教理之研究』所収　法藏館）。

舟橋は「このような赤沼教授の説では、『一切法因縁生の縁起』は甚だ影の薄いものであって、到底このままでは容認できない」と断じた上で、次のような方法論を提示する。
「それで私は、『一切法因縁生』と『有情数縁起』とは『縁起説』の有する二つの面であり、二つの意味であって、初期仏教において『縁起説』といえば、いわゆる十二縁起説及びこれに類する縁起説だけであるが、この縁起説の表わす意味は、一応このように二つに分けて理解するのが適当である、と考えた」（『「一切法因縁生の縁起」をめぐって』前掲）

この二面性は宇井伯寿によっても説示されているとして、舟橋は宇井の『印度哲學研究第二』から「十二支について凡てが相依相関であるといえば、世界のものは凡て相依相関の関係に於て成立しているというのと同じことになるのは蓋《けだ》し必然的である」の一節を引いてくる。これは、第二章で引用した、松本史朗らによって初期仏教の縁起説ではあり得ず、中国華厳哲学の縁起観に他ならないと批判された箇所だ。

†舟橋の議論の揺らぎ

では、舟橋は「一切法因縁生の縁起」を「相依相関」するものと看做しているのだろうか。

さにあらず。彼は宇井説を批判していう。

「宇井博士は、根本仏教の縁起説を解釈するのに相依相関という考え方をもって来て、これこそが根本仏教の縁起説の特色であることを強調せられたが、今日から見ればそれは行き過ぎであって、いわば博士の勇み足である。そのように解釈せられるようになるのは、実は大乗仏教になってから、それも中観派においてであると見られる」（舟橋　前掲論文）

舟橋は「今日からみれば」と断っているが、第二章、三章でみたように、和辻哲郎は当時から宇井の相依相関説を先走り過ぎたものとして斥けている（「実践哲学」『和辻哲郎全集第五巻』所収　岩波書店）。舟橋の評価はこれに次ぐものだ。

してみると彼は、「一切法因縁生の縁起」が相依相関の関係ではないと断定しているかに一見みえる。だが論を進めるなかで見解が微妙に変化する。

「（宇井）博士の文章の中で、『相依相関』という言葉を『何ものかに依って存在するという関係的存在』という言葉に置きかえて理解するならば、このままで根本仏教の縁起説を正しく理解しているものと思われる」（舟橋　前掲論文）

この「何ものかに依って存在するという関係的存在」は、三枝充悳も認めた初期仏教における「縁起という思想そのもの」と異ならない。

「そのような、あるものが他のものに『よってある』『よって…する』という、いわば依存関係にあるものを、『縁起という思想そのもの』と措定するのが、妥当であろう、とわたくしは考える」（三枝〈1〉［下］）

そして三枝もまた、この依存を相依に拡大してはならないと釘を打っている。文言だけを比べれば、舟橋の「一切法因縁生の縁起」と三枝の「縁起という思想そのもの」は同一の対象を指しているとしか思えない。両者の対立点は、これが十二支縁起の解釈にも適用できるか、否か、という一点に絞られるように思う。

宮地廓慧もまた、舟橋のいう「一切法因縁生の縁起」と自分のいう「縁性」とは同じ概念であろうと推している（宮地〈5〉［6］）。けれども、宮地の「縁性」は一意に「此縁性」を表すものであり、「一切法因縁生の縁起」とも、三枝のいう「縁起という思想そのもの」ともズレており、到底、同義とは思えぬ。

こうした論議の対象の齟齬に基づく話線の混乱は論争には付き物とはいえ、第二次縁起論争では目に余るほど登場する。

先にも述べたごとく舟橋一哉は、論争後にものした論文（『「一切法因縁生の縁起」をめぐって』）の前半で、「一切法因縁生の縁起」は相依相関の関係ではないと明言している。だが論を進めるうちに、この見地が揺らぎ始め、後半になると『『縁起』が『無常』や『無我』の論理的根拠として考えられるとき、そのような意味をもった『縁起』は、『相依相待』をもって解釈せられるのにふさわしい内容をもっていることは確かである」と述べるに至るのだ。同一論文内で立場の移変がみられる。

かかる論旨の揺らめきは論争中からみられた。これでは宮地に「〈一切法因縁生〉が〈有情数縁起〉とは別に、独立した意味をもつという見方、―そしてそれが〈無常〉の論理的根拠だという見方―等は、やはり宇井博士一派の〈相依相資〉を重視する主張に影響されたものではなかろうか」（宮地〈5〉〔6〕）と怪しまれても仕方あるまい。

†有無中道と縁起

他方、舟橋はニカーヤに「一切法因縁生の縁起」が含まれることを証明するため、サンユッタ・ニカーヤの一節を引拠している。因縁相応にある「カッチャーヤナ」の一節だ。あるときブッダは弟子のカッチャーヤナに「正しい見解とは何か」と尋ねられる。ブッダが教え諭す。

「カッチャーヤナよ、通常、世界は存在（有）と非存在（無）との二つ（の考え方）に依拠している。

カッチャーヤナよ、世界の生起をあるがままに正しい智慧によって見ている者には、世界には非存在という性質はない。カッチャーヤナよ、世界の消滅をあるがままに正しい智慧によって見ている者には、世界には存在という性質はない」

「カッチャーヤナよ、『すべてのものは存在する』というこれは一つの極端な論である。

『すべてのものは存在しない』というこれは一つの極端な論である。カッチャーヤナよ、如来はこれら両方の極端な論に近づかずに、中庸を保って教えを説く」(「カッチャーヤナの種姓の人」『原始仏典Ⅱ　相応部経典【第二巻】』春秋社)

これを言い聞かせた後、ブッダは「無明を縁として行がある。行を縁として識がある……」と十二支縁起の順観を説き、また「無明が残るところなく消え去り消滅することにより行の消滅がある。行の消滅により識の消滅がある……」と十二支縁起の逆観を説く。

舟橋はこの経の前段で、世界の存在、非存在について、そのいずれかに固執した議論に囚われぬ中道が提唱されていることから、それに続く後段の十二支縁起説は「人生の生き方」だけを問題としているのではなく、「一切法のあり方」をも問題にしているのだと推断する。

「従ってここには『一切法因縁生の縁起』が説かれているのであって、『有情数縁起』ではない。そして、『すべては存在する』という『有の見』と、『すべては存在しない』という『無の見』と、これら両方の極端な考え方を離れたこの中道的な考え方は、そのまま『すべては変化しつつ相続する』という考え方になるであろう」(『「一切法因縁生の縁起」をめぐって』前掲)

この解釈では、一切法の有無に関して中道が説かれるが故に、縁起が説かれていることとなり、また世界の生滅が説かれるが故に、無常が説かれていることになる。初期仏教において中道は縁起説でもって説明されたという解釈は、近年では仲宗根充修が唱えている（『中道思想と縁起説――「迦旃延経」の成立を中心に――』「印度學佛教學研究」第五三巻第一号）。

かくして、舟橋はこの経のこの一節が「一切法因縁生の縁起↓無常」の的証になっている、とするのだ。

「カッチャーヤナ」という経は、「カーティヤーヤナへの教誡」としてナーガールジュナの「中論」でも重宝されている。第一五章の第七偈、第八偈をみてみよう。

「（第7偈）存在するもの（有）と存在しないもの（無）とをよく知る世尊は、『カーティヤーヤナへの教誡』の中で、『何かが存在する』ということと『何かが存在しない』ということ、そのいずれも否定された」（桂紹隆訳『龍樹『根本中頌』を読む』春秋社）

「（第8偈）もし何かが本性として存在する（有）ならば、それが存在しないこと（無）は起こり得ないだろう。なぜならば、［ものに本来備わっている］本性が別の状態に変化することは決してあり得ないからである」（桂訳　前掲書）

この偈頌《げじゅ》は、ナーガールジュナが初期経典にみえる有無中道説を継受し、深掘りしたものとして知られているが、ここでも縁起説が根拠となっている。第八偈にみえる「何か」、つまり万象は、本性として存在したり、存在しなかったりしない。つまり実体として有でもなければ無でもない。縁起するものとして仮に〝在る〟ようにみえているだけなのだ。

†大乗仏教が捉えた「言語という問題」

舟橋は「大智度論」の第一八巻の有名な一節、「因縁故無常。無常故苦。無常苦故空。空故無我」(因縁故に無常なり。無常故に苦なり。無常にして苦なるが故に空なり。空の故に無我なり)も併せて引用し、ナーガールジュナは「アビダルマ仏教において一度は切り捨てられた一切法因縁生の縁起を、もう一度復活させた」としている(『「一切法因縁生の縁起」をめぐって』前掲)。

確かに、とくに大乗仏教以後の連綿たる伝統のなかでは、多くの場合「縁起の故に無常」という因果関係は認められてきた。手掛かりを探し当てることすら難しい初期経典と異なり、大乗経典にはそれを窺わせる記述が散見される。

こうして〝大乗後〟の視位から、初期仏教の縁起や無常が解釈され、「縁起→無常」というコーザリティが定着したのだろう。

例えば第一次論争では伝統説に最も親和的な立場を取った赤沼智善は、舟橋に先立って「ものが無常であるという事実がどうして起るかというその理由を求めると、ものは因縁生なるが故であるという事になる。因縁生即ち作られたるものは壊れる、これが無常という事である」と確言している(「佛教概論」第二章　縁起『佛教教理之研究』所収　法藏館)。舟橋とほとんど同じ論理構成だ。

あるいは、あまり正統的とはいえないチベット仏教の修道に関する論著にすら、次のような一節がみえる。

「この世界のあらゆるものは、たがいに依存しあって存在している。何ひとつとしてそれだけで孤立しているものはない。だから、この現象の世界には、そのものという固定した実体をもつものなど、一つもないのである。ところが、わたしたちは言葉を使ってこの現象の世界に名前をあたえようとする。あれは山であり、あれは木であり、これはわたしであるというように。そのこと自体はこの現象の世界にあらわれている、ありのままの差異をとらえようとする根源的智慧の働きのあらわれであると考えることができる。しかし、いったん名前があたえられると、それだけで山や木やわたしが、何か固定した実体をもっているように思えてくるのである。言葉を口に出して言わなくとも、それが心にひらめいた瞬間、わたしたちは世界を固定してとらえる危険に踏みこんでしまう」「言葉や観念はわたしたちをとらえて、ありのままの世界とはちがう、こわばった世界をつくりあげる力をもっている。わたしたちはそこで固定した『わたし』に執着するようになる。『わたし』

が年老いて死んでいくことを恐いと思うようになる。愛していたものが消えていくことに深く悲しむ」「この幻影のベールをとりのぞくことができた時、わたしたちの前には、つねに動いてやむことのないありのままの世界の壮大な光景がたちあらわれてくる。そこには限りない喜びがあふれている。この現象の世界が一時たりと止まることのないことを知る無常の瞑想は、あるがままに物事を見るまなざしを養う長い修行の第一歩となるものである」(ラマ・ケツン・サンポ＋中沢新一『虹の階梯』平河出版社)

後段の「壮大な光景」とか「限りない喜び」とかいう「ありのままの世界」を荘厳する表現には抵抗を覚えるし、そもそも、ここで縁起しているのはこの「ありのままの世界」の「あるがままの物事」ではなく、それを不完全に写し取り、あたかも実体のように表象する〝この言葉〟の方ではないのか、という深い疑義も残るが、説明自体は概ね伝統に沿っている。「言語という問題」をしっかりと視圏に収めた中観派以後の大乗仏教のスタンダードな縁起観といってよい。

本書でも、その都度表現を変えながら繰り返し説義し、批判的に検討してきた縁起観である。これからも重ねて説くことになる。そして留意すべきは、ここには明らかに「縁起から無常へ」のシークェンスが看て取れるという点だ。

†「一切法因縁生の縁起」説批判

ただこの説示も、なぜ無常の因が縁起にあるといえるのかという問いに、明答を与えてはいない。かかる伝統教説の綻びに照準し、初期仏教の文献、資料に関する圧倒的な博捜力を武器に切り込んでいったのが三枝充悳なのである。

十二支縁起がブッダの証悟の内容であることを激しく否定し、此縁性に縁起の普遍的なあり方をみようとする解釈論を厳しく批判し、「縁起の故に無常である」という論証もなく受け継がれてきた命題を徹底的に斥ける。この論争における三枝充悳の姿勢はいささか異様である。あくまで資料と論理に準拠して、研究者らしい手堅さで論を進めるため、行文は一見保守的にみえるが、主張の内実や他説を斥ける態度はアグレッシヴとすらいえるかもしれない。

これに対し、舟橋や宮地はずっと守旧的であり、伝統宗門の下での仏教学の範域を出ていない。だからといって必ずしも誤りとはいえないところが「宗教思想」の難しさだ。

例えば、舟橋は『「一切法因縁生の縁起」をめぐって』で赤沼智善の二種縁起論を評してこう述べている。

「これら二種類の縁起説を比較してみて、最も顕著な相異は、有情数縁起ではその逆観がそのまま実践の道を示しているのに、一切法因縁生の縁起では、順観も逆観もその表わす意味は全く同じである」

つまり十二支縁起はその逆観において、無明の滅から老死の滅までの滅尽の連鎖が明示され、まさに実践の道が説かれている。然るに順観は、ただ無明から老死までの生起の仕組みが記述されているだけである。これは第二章で詳察したところだ。

舟橋によれば、一切法因縁生の縁起では順観も逆観も一味《いちみ》である。有情数縁起は個を実践に、延いては悟達や救済に導くが、一切法因縁生の縁起は、いわば客観的な世界像の提示であるというのだ。

「一切法因縁生の縁起では、AがあるからBがあると言っても、AがないからBがないと言っても、その表わす意味は同じであって、『だからBは無常である』という結論が導き出されるが、有情数縁起では、AとBのあることは、迷いの世界を示し、AとBの無いことは、悟りの世界を示しているのである」（舟橋　前掲論文）

前段は、舟橋にとって「縁起の故に無常である」の証文なのだろうが、いままでみてきたようにその因果関係の立証としては弱い。後段についていえば、少なくとも初期仏教のメインストリームは疑いもなく有情数縁起であって、「順観も逆観もその表わす意味は全く同じ」という見立ては、「煩悩即菩提」とか「輪廻即涅槃」といった大乗仏教によるパラダイム転換を俟《ま》たなければ成立しないだろう。

こうした舟橋の「一切法因縁生の縁起」説に対し、宮地廓慧は三枝以上に否定的見解を表明している。宮地にとって仏教独自の世界像を開示しているのは五蘊や六処の教説であって、有支縁起の説ではない。

「〈五蘊・六処〉の概念は、『われわれの日常生活的経験内容のすべて』を表わすための五又は六の範疇で、これによって無常・苦・無我等が、吾々の経験する限りのあらゆる事象（〈法〉）に妥当する普遍の真理（〈法〉）であることを主張したものである」（宮地〈9〉〔2〕）

改めて確認しておくと、五蘊とは色・受・想・行・識をいう。一般的には「心身の構成要素」の謂いだが、宮地はこの伝統的解釈を採らない。蘊（カンダ／p、スカンダ／s）の原義は「要素」ではないという。そして、もともとは「同類のものの集まり」の意味なので、現代の用語の『範疇』に当たるとみてよいと推す。五蘊は〝存在の範疇〟なのである。

著書『根本仏教の教理と実践』（永田文昌堂）によれば、色蘊は「感覚的もしくは直感的経験一般」、受蘊は「生活経験の中での感情的要素の全て」、想蘊は「意識作用一般」、行蘊は「われわれが『有意的行動』と呼んでいるものの全てを含む領域」、識蘊は「〝分別〟〝思惟〟等の、理性的作用の全て」を指すという。

六処はすでに案内したごとく、眼・耳・鼻・舌・身・意をいう。眼（視覚）、耳（聴覚）、鼻（嗅覚）、舌（味覚）、身（触覚、痛覚、圧覚、温度覚などの体性感覚）、意（思考作用）の、六つの機能およびその器官を指す。ここでも宮地は「われわれが日常経験する一切の内容を、六つの〝領域〟に分かって表現しようとした」ものと解す。宮地は和辻哲郎に倣って「『眼』は〝見ること一般〟、『耳』は〝聞くこと一般〟、『鼻』は〝嗅ぐこと一般〟、『舌』は〝味わうこと一般〟、『身』は〝触れること一般〟、『意』は〝考えること一般〟にほかならぬ」とする。機能や器官そのものではなく、その「こと一般」を指示すると認める。

宮地の五蘊、六処の解釈は基本的に和辻の「『もの』に内在する『こと』」という捉え方を引き継いでいるといえよう。然るに宮地は和辻がこれらを単純に「存在の法」と表現した点に異を唱えている。

†宮地の実践的縁起観

「〝五蘊・六処〟の体系は、単純な存在論ではなくして、あくまでも人間実存が直接経験する〝経験的事実〟を、ただそれだけを取り上げて、それらを五または六の範疇に分類して、そこに何人もが疑うことのできない真理――〝無常・苦・無我〟等――の普遍妥当性の根拠を置こうとしたところに、その設定の意味があったのである」（宮地　前掲書）

そして宮地は和辻の理解について、西洋哲学の存在論や範疇論を仏教に当て嵌めてみた、ということではなく、仏教独自の存在論を定立し、整序しようとしたと評価しつつ、その一方で「(和辻)博士の表現の上では、この点の解明が不足している点が認められる」と留保を付けている(宮地 前掲書)

では宮地において、縁起はどのように位置づけられているのだろうか。宮地は舟橋一哉の「一切法因縁生の縁起」論への反論で、次のように問い質している。

「縁起支は果たして〈一切法〉すなわち『人間生存の構成要素』というような意味のものでしょうか?」「もしそういうことだとすれば、この場合、有支縁起説は五蘊六処説と何ら異ならぬ性格のものとなりましょう」(宮地〈9〉[3])

「五蘊六処説」は宮地においては、「無常・苦・無我」の普遍的妥当性の根拠となる人間の経験的事実をカテゴライズしたものである。これに対し十二支縁起をはじめとする有支縁起は、もっと動的な、より実践に関わるものだ。人生の「老死憂悲苦悩悶」はいかにして成立するのか、「老死憂悲苦悩悶」からいかにして解放されるのかを順観、逆観のかたちで表しているのが十二支縁起なのだ。その生起の条件、即ち縁を追究し、その条件の尽滅、即ち縁の滅を見通すのが有支縁起の意義なのだ。

「〈無明〉――すなわち吾々の日常生活的経験内容の一切(五蘊・六処・一切法)が無常・

苦・無我であることを体験的に正しく知らないこと——または〈識〉・〈愛〉等のような、これに相当する心のはたらき、にその根元を見出し（順観）逆に無常等を正しく知ること、すなわち〈明〉——〈無明の滅〉——等によってそれら苦悩が滅せられること（逆観）、を主張するのがその根本趣旨であります」（宮地〈9〉［3］）

　宮地は「縁起はブッダの悟りの内容ではない」と断ずる三枝説に対しては、前に述べた通り、縁起は「悟りの内容そのものではないが、悟りの性格、意義、徳用を示すものである」と応答している。それは成道後に反省的に観察されたのだから、悟りの内容である根本智そのものではあり得ないが、それに密接している。やがて進んで「それは本来〝悟りの内容〟ではなかったが、『悟りを開いた』という体験は、『〝縁起の原理（縁性）〟を身証体現した』ということであるから、その意味において『縁起を観じて悟りが開けた』といってもよかろう」と認めるに至るのだ（宮地　前掲書）。

　総じて、優れて実践的な意義を縁起説に読み込もうとしているといえるだろう。従って「一切法因縁生の縁起」について「順観も逆観もその表わす意味は全く同じ」とし、そこから実践論も修道論も導出できない舟橋説に異を唱えるのは当然である。宮地の「縁性」論と、「一切法因縁生の縁起」を有支縁起の客観的な世界像を提示した一面とみる舟橋の縁起観とはまったく相容れない。

かくして宮地廓慧と舟橋一哉との論争もまた平行線を辿ったままで幕を閉じた。

†三枝充悳の焦慮

三枝充悳は、「中外日報」を舞台とした一連の争論の最終回（三枝〈10〉［4］［5］）で、舟橋説、宮地説のそれぞれに妥協案を提出している。それは舟橋にも宮地にも到底受け容れられない案であったし、そもそも最終局面で何ほどか譲歩するくらいなら、何故、異様なほど尖った姿勢でもって従来説を否定しなければならなかったのか、理解し辛いところである。

三枝にしても当初から強硬だったわけではない。かつては「縁起の故に無常がある」という舟橋説にもここまで否定的ではなかった。第二次論争のおよそ二〇年前、一九五八年の論文（『縁起の考察――idappaccayatāからpratītyasamutpādaへ――』「印度學佛教學研究」第六巻第二号）では「アゴン・ニカーヤでは、《縁起―無我》は極めて乏しい。しかし《縁起―無常》は、たとえ直接的には述べられていないとしても、それをtraceすることは、宇井博士・舟橋一哉博士などの論証に示されるように、むしろ積極的に進めることができる」とむしろ是認していたのである。

三枝の言容からこうした余裕が失われたのは何故だろうか。ややもすると固陋《ころう》にすらみえる態度の奥に一体何があるのか。彼は最後の論争文で動機の一端を綴っている。「概念の規定が不徹底ですと、なにもかも一つになってしまい、いわゆる仏教フロシキ論によって、各々が曖昧模糊のままで一枚のフロシキにまるめこまれる危険性があり、それは仏教独特の諸思想の多様性とは全く似て非なるものであることを、充分に顧慮しなければならないでしょう」(三枝〈10〉[3])

私のみるところ、仏教や仏教学を取り巻く時代相の変化が、三枝の強張りの原因であるように思える。この趨向はやがて「ポストモダニズム」という名で呼ばれ、仏教および仏教学に与えた影響に限っていえば、後に「オウム真理教」を生み出し、育む思想的土壌を用意した。また他方で、反動としての「批判仏教」の勃興を齎《もたら》した。

ちょうど「戦前の論争」において、当事者たちが意識するかせざるかに関わらず、当時、多くの知識人を巻き込んだ知的渦動、「大正生命主義」の思潮がみえざる影を落としていたように、「戦後の論争」にも一九七〇年代後半から八〇年代にかけて起こった知的変動が影響を及ぼしている。

三枝充悳は十二支縁起説のような人を惹き付け易い強力な教説が、文献学の軛《くびき》を離れて独り歩きし始めることを怖れたのではないだろうか。十二支縁起の過去を振り返れば、部派仏教の時代に三世両重説に基づく胎生学的解釈が人口に膾炙したことはあまりに有名だし、実体的な有我論に親和的な一面が露出したこともあった。魅惑的だが、一度《ひとたび》資料の制約から遊離すれば、どこに向かうかわからない……。十二支縁起の教説にはそういう危うさが潜んでいる。

彼の焦慮はこの危機意識に根ざしているように思える。もちろん浩瀚《こうかん》なる初期仏教研究書を上木し、関係資料に関し圧倒的な博捜力、探察力を誇る研究者としての気負い、衒《てら》いも背景にあったに違いない。三枝の実証研究は他の追随を許さず、当時、世界の頂点に立っていたといっても過言ではないからだ。

しかしその後、この第二次論争にいい及んだ論者が異口同音に評するごとく、文献学的批判によって明かされる事実性、実在性を重んずる三枝充悳の論法には、重大な盲点があった。とくに宗教学者の氣多雅子の言に注意してみよう。

「ここで起こってくる問題の一つは、仏教を主題とするときに、この意味での歴史的事実性ないし実在性への依拠がどこまで妥当性をもち得るかということである。つまりそのような事実性・実在性は、仏教が思想的に内包する事実性の捉え方、実在性の捉え方と齟齬を来すものではないのか。そうであるなら、仏教の思想の根柢は最初から取り逃がされることになるだろう」(『仏教を思想として追究するということ——和辻哲郎の原始仏教研究を中心として——』実存思想協会編『思想としての仏教　実存思想論集XXVI』理想社)

これは和辻哲郎の初期仏教研究の方法論に投げ掛けられた批判だが、三枝充悳のそれにも妥当する。

だが、和辻にしても三枝にしても、そうした齟齬をまったく見落としていたわけではないだろう。にも拘わらず、彼らはやや過剰ないい振りで論白し、争論をも厭わなかった。とくに三枝は、そうすることで組織神学的な仏教学の構築を、延いては仏教の革新を期したと思われる。

最終章では、仏教学や仏教思想といったプロパーの問題域から少し距離を置いて、論争参加者たちを取り巻いていた時代の思潮を瞥見し、とくに和辻と三枝の言議の背景をなす思想史的課題を精察してみよう。

第五章

生命主義とポストモダン
――仏教の日本近代とその後

二〇一一年、真宗大谷派は宗祖親鸞の七五〇回遠忌《おんき》に向けてのテーマとして「今、いのちがあなたを生きている」を掲げた。

大谷派の門徒をはじめ、これが東本願寺に大きく掲示されているのをみた少なからぬ人が「いのちがあなたを生きる」とはどういう意味か、と首を傾げたという。「いのち」が主格となり、それが二人称単数の代名詞である「あなた」を「生きている」というのだ。「あなたが(いのちを)生きている」でもなければ、「いのちがあなたを生かしている」でもない。「いのちによってあなたは生かされている」でもない。多くの人々が不可解なテーマだと戸惑うのも無理はない。

これはある種の詩的なレトリックであり、文法的異化作用によって、そもそも「生きる」とは何か、を考えさせるという効果を狙ったものだ。あえて敷衍すれば「『いのち』なるものが『あなた』という経験的時間を仮に生きているのだ」ぐらいの意味となろう(宮崎、呉智英『知的唯仏論』新潮文庫)

だが宗門内部から、あるいは仏教学の立場から起こった教理的な疑義の核心はそこにはなかった。実は主格の「いのち」が問題となった。このテーマにおいて、「あなた」なる人称は仮の設定に過ぎないということになる。延《ひ》いては「わたし」や「彼」や「彼女」も仮設に過ぎないという主張を含み込んでいる。「いのちがわたしを生きている」でも、「いのちが彼女を生きている」でも、このテーマが訴えるところは変わらないからだ。

この主体の仮象性の認識は仏教の大本の教理、無我説に則している。然るに、このテーマは、その仮設である「わたし」や「あなた」等の本体が、主格の「いのち」なるものであると暗示している。だが、そのような本体はどこにも存在しない、というのが仏教の教えではないのか。そこで、ここで謳われている「いのち」とはそもそも何なのか、が改めて問われることになったのである。

大谷派寺院の住職であり、唯識思想研究の権威でもある海野《うみの》孝憲《こうけん》はこの遠忌のテーマを批判した小冊で、「仏教には、『生命力・生きていく原動力』と言われるような常住の『いのち』という概念はありません」と断じている。

「ただ例外的に『いのち』と誤解されるような原理・アーラヤ識を用いた、大乗仏教の学派が存在します。しかしその場合も、その原理自体は仮有であり、刹那滅であり、本質的には実体的な概念ということはできません」(『「いのち」の意味』法藏館)

「アーラヤ識はそれ自体、刹那ごとに消滅をくりかえし、刹那ごとに習気・種子(潜在力)を顕勢化する働きと、顕勢化した対象認識の習気を受ける働きをくりかえしつつ、次の刹那の識を作り上げては変化しつつ継起する、単なる『識の継起』『識の流れ』にほかなりません。それゆえにアーラヤ識は常住の『いのち』ではありません」(海野　前掲書)

この識についての見解は大乗仏教の唯識派のものだが、そのアウトラインはニカーヤの仏説に基づいている。例えば第一章前半で紹介した、識を輪廻する当体と看做す謬見に陥った弟子のサーティに対し、ブッダが識の縁起性を説いて破邪した例が挙げられる（マッジマ・ニカーヤ第三八経「大愛尽経」）。

†仏教は生命讃美の教えにあらず

「いのち」「生命」という言葉＝概念は、指示対象が曖昧で定義し難いのに、実覚的に把握できると誤信してしまいがちなので、仏教ではとくに注意を要する。

然るに真宗大谷派に限らず、仏教界全体として「いのち」「生命」をまるで諸価値の源泉であるかのごとくに扱っている例は多い。

だが原始仏教の価値評価に照らしても、生まれたこと自体、生きていること自体は苦（ドゥッカ）と捉えられ、その苦の根源は有情の生への執著、生存欲望にあると特定されるのだ。仏教思想には本来、反生命主義〝anti-vitalism〟の側面がある。哲学者で浄土真宗本願寺派住職の松尾宣昭《のぶあき》はこう述べている。

「仏教は基本的には現世否定の宗教なのです。否定という言葉が強すぎるなら、この世を決して祝福しないと言えばいいでしょう。生きものが産んで、増えて、地に満ちることは、

『火宅無常の世界』に、さらに油を注ぐようなものです。たしかに仏教の中の浄土教においては、肉食も生殖行為も禁止されません。しかしそれはさきにに述べた意味での『いたしかたなし』ということにすぎない。食物連鎖と生殖行為から織りなされた生物界のありさまが『いのち輝く』すばらしい生命の世界などとして讃えられているわけではないはずです。それらはあくまでも『火宅』の世界、すなわち煩悩の火が燃えさかった世界でしかない」（『仏教は何を問題としているのか──龍谷大学　講話集──』永田文昌堂）

「大乗仏教は現世を肯定し、生命を肯定するものであるといった理解をするかたがおられますが、いかがなものかと思います。どこまでも個体性にしばられているというありかたに否定的なまなざしを向けることなく、自然界における生命の営みをそのまま祝福するようなものは、もはや仏教とは言えないのではないでしょうか。仏教は生命讃歌の教えではない、と思うのです」（松尾　前掲書）

第二章、三章で屢述《るじゅつ》したごとく、木村泰賢の縁起観や業論には生気論を思わせる生命主義的傾向がみられる。しかも、その「生命」に対し、主として否定的な見解が披露されているのであれば肯じ《がえん》得ようが、木村の説示には「生命」について肯定的とも受け取れるような論述が散見される。翻って、否定されるのは上座部の五蘊仮和合に関する教説の方であり、木村はそれを「機械論的」な観察、解釈、説明として排している。

†初期仏教の生命観

だが、生命をそのようにポジティヴな全体性として捉え、縁起を生命活動の創造的過程と見定めることに教理的な考拠はあるのだろうか。どこに経証を求め得るのか。当然のことながら、初期経典に近代的な意味での「生命」という包括的概念は看取できない。また生の現象の諸相に言及する場合でも、決してポジティヴな評価を下すことはない。例えばサンユッタ・ニカーヤにみえる著名な偈はこう謳う。

「色（肉体）は聚沫のごとくなり
受（感覚）は水泡のごとくなり
想（表象）は陽炎のごとくなり
行（意志）は芭蕉のごとくなり
識（意識）は魔術のごとしとは
日種の尊の所説なり」（「泡沫」相応部経典二二、九五　増谷文雄編訳『阿含経典1』ちくま学芸文庫）

「日種の尊」とは太陽の末裔とされた釈迦族の聖者、即ちブッダを意味する。「聚沫」とは川面に浮かぶたくさんの泡の玉のことである。「芭蕉」とはバナナの樹。心材を探して、芭蕉の幹の葉柄を剝がしていっても軟材にすら達さない。あたかも玉葱の皮を剝くがごとし。

つまりこの偈頌では、人間の心身を構成する五蘊（色・受・想・行・識）のすべては儚く、虚しく、空疎で、実体がなく、幻のようなものである、ということが暗喩を使って強調され、これがブッダの教えであると宣明されている。聚沫のごとく、水泡のごとく……というのはニカーヤの定型的表現であり、各五蘊を空とみよ、という意を表している。原始仏教の「空観」については、「スッタニパータ」第五章の一一一九、学生モーガラージュの質問に対するブッダの答論にその基本姿勢が現れている。

「つねによく気をつけ、自我に固執する見解を打ち破って、世界を空《くう》なりと観ぜよ。そうすれば死を乗り超えることができるであろう。このように世界を観する人を、〈死の王〉は見ることがない」（中村元訳『ブッダのことば』岩波文庫）

死の王はみることがない、とは死という観念に囚われ、不安に苦しんだり、恐怖に打ち負かされたりすることがないという文意である。もはや生死自体が棄擲《きてき》された進境を指す。

同様に色など五蘊の一つ一つが無常であり、移ろい変わるものであり、苦であると説くニカーヤは無数に見出せる。仮に木村のように「生命」という包括的な概念を仮設してみたところで、それはどこまでもネガティヴな現象でしかないというのが初期仏教の前提とするところであろう。しかも教理の基本というよりは、心身のあり方、生命のあり方そのものが苦である、という自覚こそが、凡夫をして仏道に向かわしめる要因になっている点に注意すべきだ。

†木村泰賢の「流動的生命」論

然るに木村は「心的要素を種々に分けるがごときは観察の便以外に多くの根拠を見出すことが出来ないではないか」(「事実的世界観」第二章「有情論一般」四節「有情の本質について」)と踏み込んだ疑義を呈する。そして部派仏教にも、犢子部《とくしぶ》のプドガラなど輪廻の主体として仮設された我体や意識体の恒存を認める教説が現れ、大乗仏教に至ると唯識派に有我論的主張が生じたことを捉え、木村はこれらの擡頭を「異《あや》しむに足らぬところ」であり、「余りに機械的観察に拘泥した上座部の主張よりも却って仏陀の真意に近いものがある」と評価するのである(木村　前掲書)。

「理論的に仏陀の生命観を推しつめる限り、遂に、前に述べたごとき、一種の有我論的結論に達せねばならぬということを忘れてはならぬ」(木村　前掲書)

では、木村のいう「仏陀の真意」「仏陀の生命観」とはいかなるものなのだろうか。

「仏陀にしたがえば、吾らの生命は無限の過去より種々の経験を積み来たり、その経験に応じた性格によって自己を経営し、その経営の仕方はやがてまた新しい経験として、その性格を変化し、かくして無限に相続するのがいわゆる輪廻である。しかしてその性格とそれに応ずる自己創造との間における必然的規定を業による因果と名づけるのである」（「事実的世界観」第四章「業《カルマ》と輪廻」三節「特に業の本質について」）

但し、木村にあって業と生命の関係は不即不離である。この関係を彼はインクに喩える。液体とそれを染める色《いろ》のごとしという。生命がインクの液に、業がインクの色に喩えられている。

「二者は一にして異、異にしてまた一ではないか。このインキが新陳代謝して絶えず流れるとせよ。これすなわち仏教における流動的生命を喩えるものである」（木村　前掲書）

「そのインキの流れの方向はその色によって定まると同時に、流れの方向の異なるにしたがって、インキの色が異なって来るものと想像して見よ。しかもその色の変化というも、赤から黒なり黄なりに変化する時、赤を失って黒なり黄なりになるのではなく、赤の色をも可能性として持っていながら、黒なり黄なりになり、同様に、黒なり黄なりから青に移る際もそれらを失わないで、可能性としてそれを保存しながら、変わって行くものとせよ。しかる時、余程、業と生命と輪廻との関係に近い概念が得られようと思う」（木村　前掲書）

だが、この連続し流動しつつ、「色《いろ》」＝業によって染まり、色相、方向を変えながらも、基体として存在し続ける「液体」＝生命とは我《が》の別名に過ぎない。まさに「いのち」が「あなた」を生きている相状である。しかし、これは仏教の無我論と対立する有我論に他ならないのではないか。木村は、ウパニシャッド的な有我論とは一線を画した「流動的生命」という解釈を立てながら、結局、基体としての生命というかたちで個我、アートマンの実在を認めてしまっているのではなかろうか。

上掲した引文の少し後に、木村はそのことを事実上諾《うべな》っている。仏教における業について——

「仏教にあっては、絶えず変化しながら従前の経験を自己に収めて、それを原動力として進む創造的進化（厳格には創意的輪化というを適当とする）そのものであるからである」（木村　前掲書）

断っておくが、木村は第二章で案内したように三世両重説のごとき、固定的な輪廻説を認めていない。自業自得の業論も同断である。彼が輪廻に見出すのは無始無終の生命の変化の様相であって、それは業の自己展開の過程に他ならぬ。

この生命観は、独特の無明論に繋がっていく。その生命の遍歴たる輪廻を駆動するのは無明であり、木村によれば、生きんとする意志、盲目的生存欲求である。進んで彼は、無明こそ輪廻の、延いては有支縁起の主体であると主張するに至る。

「いやしくも已に輪廻観を縁起観の課題とする以上、そこに輪廻の主体たるべき何物かを認めねば収まりはつくまいと思うが、この収まりをつけるために、そして仏教は欲や執着を世間の因とみる一般的立脚地を予想し」「欲と無明との表裏関係を顧慮して、ここに十二縁起観の出発点となった無明にその意義を与えようとしたのは私がこれを盲目意志と解して、或る意味において、輪廻の主体を代表させようとした意向であったのである」(「縁起観の開展」下　三節)

楠本信道が判じたように、無明を輪廻の主体とする、かかる所見は「木村だけに見られる特異な見解」である(『『倶舎論』における世親の縁起観』平樂寺書店)。

しかし、この独自の生命観に基づく「特異な見解」は一体何に由来するのであろうか。

†「大正生命主義」の波及

私は、第三章で山折哲雄の評言を引きつつ、もし木村が仏教の縁起観を「人間における生命発動のダイナミックな地平で再構成しようとしていた」とするならば、当時、知識界を席巻していた「大正生命主義」の影響を無視できないのではないか、と推した。「大正生命主義」とは明治後期から徐々に共鳴者を増やし、大正期に燎原の火のように拡がった

『生命』を中心概念に据えた一種のパラダイムを指す。

「大正生命主義」という概念枠を見出した、日本近代文学研究者の鈴木貞美によれば、そも「生命」という語が広く用いられるようになったのは明治に入ってからで、"life"の訳語として普及したという（『「生命」で読む日本近代』NHKブックス）。やがて、この「生命」を原理に据える思想、思潮、運動が擡頭《たいとう》していく。

明治後期には、ショーペンハウアーやニーチェを先駆とする「生の哲学」等によって、「生命」の思想的基礎付けが試みられるようになる。

ここでいわれる「生命」あるいは「生」は、経験、体験といった直接的な実覚と分かち難く結びついている。生のあり方を固定的、機械論的に理解する立場に対し、不断の流動や連続的生成など生のダイナミックな属性を重視し、その内的な充溢に注目することによってのみ、真の具体性、全体性を把捉できる、と主張する。

そして明治最末期の一九一一年、「大正生命主義」の哲学的基礎付けに決定的な意味を持った書物が刊行された。西田幾多郎の『善の研究』だ。

鈴木は、この書の核心が「生命主義哲学」にあるとみる。

「『「我」の思想』、『愛の理念』、『宗教の本質』などをめぐる西田の考察の内容は、陽明学や禅を中核に浄土真宗、キリスト教神秘主義、トルストイの宗教思想などの影響を受けたものであり、それらとカントに発するドイツ観念論の流れに属する諸体系を換骨奪胎しつつ、遺伝学・進化論などの生物学の知識とを一挙に統合して、『純粋経験』から『神との瞑合』に至る概念の体系化を試みたものである」。

その体系は「『宇宙の真生命』とその現れとしての人間の『生命』の本能とでもいうべき観念」によって保持されているという（『西田幾多郎『善の研究』を読む―生命主義哲学の形成―』「日本研究」第17集　国際日本文化研究センター）。

西田の行論には禅などから影響を受けた痕跡が容易に認められるため、よく仏教思想との内在的親和性が取り上げられるが、まったくの誤見である。鈴木は両者の相異を正確に見極めている。

「西田のいう『純粋経験』、主客未分、主客合一、主観相没した意識の状態は、この『空』に似ているが『空』と同じではない。竜樹においては実在が否定される。世界を一旦『空』に帰した者にとって、世界とはあくまで『仮説』のものとして観想される。西田の考えは、これとはちがう。西田は『純粋経験』こそ『真の実在』とする」「この考えは、実証主義を経過した実在論の範疇にある」（鈴木　前掲論文）

この西田の著書の感化もあって、知識界を中心に「大正生命主義」が時代思潮として興隆し、通俗の哲学、道徳論や人生観のみならず、宗教、教育、文学、芸術にまで急速に拡散、浸透していった。

哲学者の丸山高司は「大正生命主義」の一背景をなした、近現代の思潮としての「生の哲学」を、ヴィルヘルム・ディルタイのテーゼを用いてかく定式化している。

「(1) 生は『根本事実』であり、『その背後に遡ることはできない』。換言すれば、体験が根源的所与であり、哲学はそこから出発しなければならない。(2) 思惟や理性は、生を基礎づけることはできず、むしろ生を基盤にして成立する。したがって、生を理性の法廷において裁くのではなく、『生を生それ自身から理解する』のでなければならない。(3) 体験は、それ自身についての直接知である。体験は内から知られている。この直接知にもとづいて、体験の本来の姿がとらえられねばならない。ただし、(4)『生は究め尽くしがたい』。生の儚さや脆さ、その暗さや深さ、不可解性や非合理性、有限性や歴史性、こうしたことがありのままに直視されねばならない」(「生の哲学」『岩波　哲学・思想事典』岩波書店)

木村泰賢は業論を説くに際し、次のようなブッダ観を表白している。

「仏陀は或る意味においての経験者であったということが出来る。すなわち吾らの生命活動(真理活動を主として)なるものは、凡て過去の経験の積聚として来たもので、経験を除いて何物もないという主張である」「経験を主として、吾らの生命活動を説こうとした点において、少なくも一種の経験論的態度のあったということだけは疑うことのできぬ事実である」(「事実的世界観」第四章三節)

「生の哲学」と木村の仏教論との関連でいえば、比較思想を専門とする研究者から次のような指摘がなされている。

「(木村は)十二縁起論等の説明にしばしばショーペンハウアーを援用する。木村は仏教的な存在論の背後に空を超えた一種の『形而上学的実在論的傾向』を見るのであるが、これはドイセンを中心とする、当時のショーペンハウアーおよび仏教解釈の有力な傾向であり、木村もそうした偏りをそのまま受け継いでいるところがある」(兵頭高夫「ショーペンハウアーと東洋の宗教」『ショーペンハウアー読本』所収　法政大学出版局)

引文中のドイセンとは、ニーチェの同時代人で友人でもあったドイツのインド哲学者、パウル・ヤーコブ・ドイセンのことだ。近代仏教学の定礎者の一人、姉崎正治は欧州留学時代、このドイセンに師事した。

木村は「形而上学的実在論的傾向」についてこう述べている。ブッダの世界観は詮ずれば空論になるが、果たして空だけに留まることができるだろうか。例えば因縁の法則は空であるか。そうではない。「法性常住」や「法性自爾」といわれるように、仏教において動かぬ法を指すことがある。それはむしろ不変不動として高唱される、と(「事実的世界観」第六章「存在の本質について」第四節「形而上学的実在論的傾向」より）。
法性、ダルマター／sというのは諸事物、諸事象の本質、法の法をいう。通常は実相、真如、法界、涅槃と同義とされるが、木村はこの語により一般的な意義を帯びさせている。
「その法性とは動くものの中における動かぬ一定の法則を指すのであるけども、これを形而上的原理として見るならば、それは要するにあらゆる活動を貫いて、その根柢となり、しかもそれ自身としては動かぬ理念的存在を指すものと見ることが出来ぬであろうか」（傍点引用者、木村　前掲書）
　あらゆる活動の根柢に、法性という無常ならざる理念的存在の実在するを認めるというのである。また、空の境界（境地）についても次のごとき理解を示す。
「今、この境界の精神生活に基づいて、その世界観を構成するとするに、概念的にいえば、これを畢竟《ひつきよう》空という外ないのも、その意義においては唯の虚無にあらずして、そこに言詮の及ばない形而上的実在、いい得るならば形而上力とでもいうべき特有の実在を認めるべきもまた自然ではないか」（木村　前掲書）
　空は、もちろんただの無、虚無ではないが、実体、実在でもあり得ない。木村がいうような形而上学的実体としての法性などではないのだ。
　原始仏教に限っていえば、法性という概念自体のプレゼンスがそもそも稀薄だ。初期経典全体を見渡すと、若干、法性の用例がみられるが、それらは「きまり」や「本来備えている性質」くらいの意味で使われている（平川彰『平川彰著作集第1巻／法と縁起』第二章春秋社）。

法性を常住の真実体と看做すがごとき釈義が可能になるのは、少なくとも大乗仏教における展開を俟たなければならない。

例えば、大乗仏教中観派の祖、ナーガールジュナの「中論」には「法性は涅槃のように不生不滅である」という偈がみえる。

「［空性において言語的多元性が滅するとき、］言葉の対象は止滅する。そして、心の活動領域も止滅する。なぜならば、［諸法の］法性は、あたかも涅槃のように、不生にして不滅だからである」（第一八章七偈　桂紹隆訳『龍樹『根本中頌』を読む』春秋社）

この「不生不滅の法性」を、木村のように形而上学的実在のようなものと捉える向きも少なくないが、誤った読解である。この偈における「不生不滅」とは、「自性として生じるものでも、滅するものでもない」の意であり、法性の恒常的な実体性を認定しているのではない。「自性」とは固有の実体的性質のことだ。

「空なるもの」というものは実在しないのである。だからこそ、第一三章七偈でこういわれる。

「もしも空でないものが何か存在するなら、空なるものも何か存在するだろう。しかし、「今まで述べてきたように」空でないものは何も存在しない。どうして、空なるものが存在しようか」(第一三章七偈　前掲書)

また、先の偈(第一八章七偈)で引き合いに出された涅槃に関して「中論」はこう述べる。

「輪廻を涅槃から区別するものは何もない。涅槃を輪廻から区別するものも何もない」(第二五章一九偈　前掲書)、「涅槃の極みは輪廻の極みである。その二つの極みの間にはわずかな隙間も決して知られない」(第二五章二〇偈　前掲書)

これらの偈の背景には、アビダルマ仏教において説かれた「法有論」、法の実在論に対する根源的批判という前提がある。

従って木村泰賢の唱えた、法性を形而上学的実在とする説は、控え目にいって独特のものであり、少なくとも原始仏教や中観仏教には妥当しない。

†木村仏教学における「絶対的生命」

「大正生命主義」との関連で、もう一つ指摘しておかなければならないのは、木村の著書、論文にしばしば登場する「絶対的生命」という言葉だ。無論、経典や論書にかかる語彙が見当るわけではない。あえて類似の表現を他に求めるならば、西田幾多郎の『善の研究』にみえる「真生命」が近い響きだ。

例えば『原始仏教思想論』に先立つ『印度六派哲学』には、まずショーペンハウアーを参照しながら「生きんとする意志、拡がらんとする意志が凡ての生活行動の中枢たることは上は人類より下は小虫に至るまで一貫して変わらぬ現象」であり(『木村泰賢全集　第二巻』)、とくに人間はその〝生意志〟が日常的、現実的には動物と異ならぬ本能的欲動として現れ、他方、理想的には超時空の霊的生活への憧れとして現れる、との二分説が叙される。そして木村は、二者について「吾人は暫く前者を現実的生命の要求といい、後者を絶対的生命の要求と名づけたと思う」と定義し、その上で次のごとく明言する(前掲書)。「凡ての宗教は絶対的生命の要求に応じて起こったものである」(同前)。

直後に「無限を憧れ、不死を望み、絶対的自由の境地に達せんとするは凡ての宗教の最終目的とするところで、しかも宗教が永久にその存在の権を主張し得る唯一の根拠である」と敷衍されているから、「絶対的生命の要求」とは、永生への意志を全うし、その欲求を満たさんとすることにあると知れる(同前)。

しかし「絶対的生命」とは具体的に何を意味しているのだろうか。同書において、ヴェーダーンタ学派の意義を概括するに当たり、その中核的教義である梵我一如を「全宇宙を貫通する絶対的生命と吾ら自身の生命とが根柢において連なっている」とみる解釈が書き付けられている（前掲書）。絶対的生命とは梵、ブラフマンの別名なのである。後述するが、この一節によく似た文言が『大乗仏教思想論』にも現れるので要注意だ。そして『原始仏教思想論』には修道論の羅漢を論じた一節に次のような一文がみえる。

「下劣の羅漢なりといえどもその内的生活において一度《ひとた》びは、いい得るならば絶対的生命の大霊光に接し、更生の自覚を体験した人である」（傍点引用者、第三篇「理想とその実現（滅道諦論）」第五章二節）

引文にみえる「羅漢」とはこの文脈では、初期仏教で悟達者を意味する阿羅漢の略称ではなく、単に出家修行者の謂いである。それにしても、すべての「羅漢」が一度は浴するという「絶対的生命の大霊光」とは一体何だろうか。原始仏教にそぐわない、神秘的な言回しだ。

では、「絶対的生命」は大乗仏教においてはどう位置づけられているのか。『大乗仏教思想論』（『木村泰賢全集　第六巻』大法論閣）にその答えがみつかる。

木村は、同書の「自我とは何か」を問う節で、まず同心円から成る図を二つ描いてみせる。四つの同心円から成る一点目の図には、真ん中に「真我」の領域を示す小さな円があり、その外側に、もう一つの「真我」の域が円によって表されている。内側の「真我」が純粋主観、純粋意思であるのに対し、外の方の「真我」は心理的自我を指すらしい。この二つの「真我」の円を包んで「精神」の域の円が、さらに外側に「呼吸」の域の円が描かれ、その最も外側にある円の縁に沿って「身体」と表示されている。(第二篇「大乗仏教教理論」第六章第三節「自我とは何ぞや」『大乗仏教思想論』)。

二点目の図も四つの同心円から成るが、今度は「身体」を核部とし、順次「家族」の域、「国家」の域、「全人類」の域と円が拡大していき、最も外側の、「全人類」の円の外縁に沿って「宇宙」と書かれてある。

木村はこの二枚の図について「我は肉体を中心として両極に延びるもので、形式上においてはほとんど極大と極小とに分かれることになる。しかしながらここに注意せねばならぬことは、この極大と極小とが実際上においては却って一致するものであるということである」との解説を加えている(木村 前掲書)。

つまり極大たる「宇宙」と極小たる「真我」とが一致するというのだ。どうしてもウパニシャッド哲学の梵我一如を想起せざるを得ぬ自我論だ。

この自我論を踏まえて、木村は「絶対的生命」を基礎とする世界観を披陳していく。

「吾人の自我はかかる性質のものであるならば、その本体は何であるかとの疑問が起こる。ここにおいて吾人はどうしても最後の仮定として、吾人の本性としてのいわゆる絶対的生命または絶対我の存在を許さねばならぬ。しからざれば、わずか五尺の身体と七十年の命を有する吾人が、内的にも外的にも無限に拡がろうとする要求を持つべき筈がないからである。吾人の生命すなわち自我が時間的にも空間的にも無限の方面に向かって進む所以は、その本性が元来無限絶対の大我に連なるからであると解しないでは、この意味が分からぬことになる。しかもこの大我は決して実質上において吾人の本性とかけ離れたものではなく、むしろその根柢であると写像せねばならぬ」「真如といい、法身といい、仏心といい、ないしは神明というのも、実にこの絶対我を指したるものに外ならぬ」（第二篇「大乗仏教教理論」第六章第四節「絶対我」『大乗仏教思想論』）

「したがってこの見地よりすれば万有はことごとく終極原因としての絶対我に依存しつつ、草一葉、木一本の中にも絶対的の意味をありありと表わしており、ことに吾人の精神は驀《まく》直《じき》にその大我に到達すべき通路であるというべきである」（前掲書）

†木村の特異な仏教観

自我、生命、宇宙が一貫したものとして統括されている。これは一つの宗教思想ではあろう。ヒンドゥー教的、外道的な。だが、果たして仏教と呼び得るだろうか。到底そうは思えぬ。

ブラフマン（梵）のような様相を呈した絶対的生命、無限絶対の大我が根本実体として措定されている。剰え、それは私達の「真我」、アートマン（我）の根柢であるばかりか、草木にも意味を宿しているというのである。だが、草木は有情に含まれない。仏教では有情、つまり心を備え、動作する者にしか成仏の可能性を認めないから、「草一葉、木一本の中にも」意味が宿るという信念は特殊日本的なアニミズムや汎神論ではあり得ても、仏教ではあり得ない。しかもその意味が「絶対我」に依拠するとなると、いよいよ仏教とは縁遠くなってしまう。

この思想には、実質的に無我もなければ無常もない。おそらく諦も無明も智慧も煩悩も、そして縁起すら、原始仏教において定立されたブッダの教えとは懸け離れた意味付けがなされていよう。

木村は第一次縁起論争を省して、アクターたちの原始仏教理解が後代の大乗仏教の教理に引き摺られていた可能性を示唆している。

「楽屋話をするならば、宇井、和辻両氏の解釈が中観系の考え方に引きづられたとすれば、私のそれは唯識系統の思想と何程かの連関を持とうとしたものということが出来よう」（「縁起観の開展」下　三節『原始仏教思想論』）

けれども上引の木村の仏教観は、ブッダの死後、八〇〇年ほどして現れた大乗仏教の唯識思想においてすら肯定するのが難しい。

これはインド的に改鋳された生命主義、生命を原理（実体）とした不二一元論である。一応、仏教のテクニカルタームが用いられてはいるものの、その趣意は大きく逸脱している。

第二章でも指摘した通り、木村の有我論、法有論への傾斜は『小乗仏教思想論』『大乗仏教思想論』と進むに連れていよいよ明瞭になっていった。だが『原始仏教思想論』の段階でもその素地を窺うことはできる。

宇井伯寿が木村説を想定して、無明を「世界または人生の創造発展の根本原理の如く」解することを駁撃《ばくげき》している。いま一度当該箇所を引用しておこう。

「概念上無明には活動性は捨象せられている。故に無明そのものとしては活動性ないものにならねばならぬのである」「既に無明そのものとしては元来は活動性を考えることが出来ぬとすれば、学者が時に無明が世界または人生の創造発展の根本原理の如く解し、従って十二因縁はその創造発展の過程を示すものと見、これを数論学派の転変説を説く二五諦と比較しまたは二五諦の影響によって考え出されたものとなさんとする説の如きを全く承認することが出来ぬことになる」（「因縁の解釈」）

前に述べた通り、文中の「数論学派」とはヒンドゥー教（バラモン教）正統六派哲学の一つ、サーンキヤ学派の音写である。「二五諦」とはこの学派が措定する二五の実体である。サーンキヤ学派については後述する。

また和辻哲郎が「木村氏自身の解釈が、ドイセン風に、あまりにも多くショペンハウエルの思想を原始仏教に注ぎ入れていることを、不満に思っているものである」と不承を鳴らしたのも（「木村泰賢氏の批評に答う」『和辻哲郎全集』第五巻所収　岩波書店）、木村の特異な仏教観の帰趨を察知していたからではあるまいか。文中の「ドイセン風に」とは、少し前に紹介したパウル・ヤーコブ・ドイセンの流儀で仏教を「生の哲学」の色に染め抜くことを意味する。

これが第一次縁起論争の論所の核心だったのだ。この要点を見抜けず、一方の当事者である木村泰賢による整理に専ら依拠して、周辺的な論点ばかりに関心を奪われた研究や評論は正鵠を射損じたといわざるを得ない。

†「大正生命主義」の徒としての和辻

だが、ここで私達は一見奇妙な事実に目を向けなければならない。

木村の原始仏教論の底に潜む実体論的志向や有我論的偏向、生命主義や「生の哲学」への傾斜を鋭く読み取り、批判の俎上に載せた和辻哲郎だったが、かつて彼自身が「大、正、生、命主義」の徒であったという事実だ。

その傾向は、第一次論争の一〇年以上前、和辻の著作家としてのデビュー作として上木された『ニイチェ研究』に最も色濃く滲んでいる。

再び鈴木貞美の考説を参照する。まず『ニイチェ研究』の冒頭、「本論第一　新価値樹立の原理　第一章　権力意志」を読んでみよう。

「真の哲学は単に概念の堆積や整斉ではなく、最も直接な内的経験の思想的表現なのである。直接にして純粋な内的経験とは、存在の本質として生きることを意味する。認識する主体と認識せらるる客体とがあって、その間に認識の形式に依らざる直接な本質の感得があるというのではない。直接な内的経験をもし直覚と呼ぶならば、この直覚は『生命そのもの』として生きることなのである。もとより『宇宙生命』は不断の創造であるから、直接な内的経験もまた創造的に活《はた》らく。自己表現はこの創造活動である。芸術や哲学は皆ここから生まれる。ところでその材料となっている感覚思惟などもまた同じく根本力の創造活動から生まれたものであるゆえに、複雑多様に生を彩ってはいるが、それ自らは象徴として生の本質を暗示しているに過ぎない」（『ニイチェ研究』『和辻哲郎全集　第一巻』所収）

「（真の哲学は）観念や思想に永久の価値を与えるのではなく、価値の根源たるものの一層完全な表現——本質として生きる『自己』の一層強大なる表現——に努力し、観念や思想を使役して常に流動し成長する者の歩む新しき道を開くのである。人生を束縛し固定せしむるのではなく、生の流転を擁護しながらますます人生を強烈ならしめるのである」(『ニイチェ研究』前掲書)

鈴木によれば、『ニイチェ研究』における和辻の思想的立場は「『直接な内的経験』は『直覚』によって把握されるなら、『生命そのもの』であり、その『生命そのもの』は『宇宙生命』を根源にもつという世界観」に貫かれている(『〈共同研究報告〉和辻哲郎の哲学観、生命観、芸術観——『ニイチェ研究』をめぐって』「日本研究」第38集 国際日本文化研究センター)。

「ニイチェの哲学はその一例として」主題になっているのだ。

「ニイチェの謂う所の『自己』はすなわちこの権力意志である。認識の形式を超絶した人格の頂点はただ『自己』としてのみ解せられる。そこには部分と全体との関係は許されない。個人の自我と絶対者との関係は部分と全体との関係ではない。『自己』は直接に宇宙の本質である」(「ニイチェ研究」『和辻哲郎全集　第一巻』所収)

では、和辻の解釈するニーチェ思想における「宇宙の本質」とは何なのか。

「ここに永久の流動的生命、征服と創造との権力意志が肯定せられ、この肯定によって強固・健全・快活な世界が現ぜられる。あらゆる過去は新しき生として蘇り、現在は永久の価値を担い、未来は限りなく深く新鮮なものとして現在の内にある。不断の流動たる現実がそのままに永久のものである」「現在のままに永久であることを是認するのが、永久回帰の思想の根柢である。すべての凝固と堕落とを洗い去った権力意志においてのみ、この深き思想は理解せられる。知識、道徳、宗教等すべて自由な生を抑圧するものを追い払い、永久の渾沌、争闘、征服、創造たる権力意志を赤裸々に肯定し、この純粋の生として、すなわち宇宙の本質と合一した生として、生きる所に、この生の永久がある」(「ニイチェ研究」前掲書)

　純粋なる生を覆うすべての塵埃《じんあい》、汚穢《おわい》を取り除いて、権力意志としての自己の本来性に立ち返ったとき、生は「宇宙の本質と合一した生」となり、永遠となるというのである。道徳論においても同じ趣義が繰り返される。

「ニイチェの道徳は宇宙生命としての自己が自らを実現せんがために内よりおのれを束縛することである。彼の道徳の最高の意義はここにある」(「ニイチェ研究」前掲書)

　一読すればわかるように、木村泰賢の仏教論を構成している語彙と同じか、あるいは酷似したタームによって独特のニーチェ論が組み立てられている。「流動的生命」や「盲目的な権力意志」、「宇宙の本質との合一」などの道具立てだ。

†偏向したニーチェ観

和辻に親炙した哲学者の湯浅泰雄は、『ニイチェ研究』刊行の直後から書き留められていったと思しき「メモランダム」ノートに、早くも仏教への関心や西田幾多郎の哲学の影響が窺えるという。

「そこでは、ニーチェの権力意志説やベルグソンの純粋経験論を仏教と結びつけて理解しようとしていることが注意された。その要旨は、仏教でいう『涅槃《ねはん》』を『生命』の純粋な活動と解釈し、これを主客対立の知的自我意識に先立つ人間本性の発現としてとらえようとするところにある」

「和辻の『ニイチェ研究』には西田幾多郎の『善の研究』や『自覚における直観と反省』と似た発想が見出されるのであるが、このメモの中の『認識論（直覚の研究）のプラン』と題した部分には、ベルグソンの直覚について記したあとに、『西田氏の知力的直観の説は如何』という一句が走りがきされている。この一句からも、『ニイチェ研究』における和辻の解釈には、西田の思想がある程度影響していたことが察知できる」（湯浅泰雄『和辻哲郎』ちくま学芸文庫）

思想史家の苅部直《かるべただし》は和辻のニーチェ論について「浮薄な自我主義者、野蛮な本能論者」

といった類の従来の皮相な評価を覆し、「人格主義者」として位置づけた点に眼目があると評す。だが、和辻にとってニーチェはいかなる意味における「人格主義者」なのか。「和辻はニーチェの『権力意志』を、人間の意識の深層の『根本生命』と説明する。そしてそれは主観・客観の区別を超えた『永久の生成』であり、表象された世界の奥底の『神秘な現実』をなすと説く。藝術家の創作活動は、この流動的な『生命』を『象徴』たる作品に結晶させることにほかならない」（苅部『光の領国　和辻哲郎』岩波現代文庫）

しかし、鈴木は和辻のニーチェ観を怪しんでいる。

「『宇宙生命』なる観念は、ニーチェとは無縁である。『ツァラツストラ』の、いや、ニーチェの作品群のどこにも登場しない。なぜなら、和辻哲郎自身も書いているように、ニーチェは、世界にしても自己にしても、活動そのもの、生成、流動がすべてであり、いかなる『実体』も『実在』も、フィクションにすぎないとするからだ」「和辻哲学が原理とする『宇宙生命』という観念は、生の活動性そのものを原理とし、実体観念を拒否し、一切の概念を『事物化』と考えるニーチェの哲学にはふさわしくない」（鈴木　前掲論文）

木村泰賢は個の生命の根柢に「絶対的生命」の実在を措定したが、若き日の和辻哲郎もまた直覚によって把握される生命そのものの根源に「宇宙生命」の実在を見出している。極めて酷似した表現であり、いずれも生命主義を背景とした観念といわざるを得まい。

†残存した実体論

では何故、『ニーチェ研究』から十余年を閲《けみ》して、和辻は卒然と木村の生命主義的仏教論に反旗を翻したのだろうか。

一つには、資料の実証的研究を通じて本来の仏教に触れ、それまでの仏教観を修正した可能性がある。和辻の世界観はここで大きな変容を遂げたということになる。

確かに『原始仏教の実践哲学』では「宇宙生命」を云々するような、あからさまな「生命主義」は提唱されていない。だが実体論的志向や神秘主義的傾向は完全に放棄されたのだろうか。

そうとは思えない。少なくとも根源的な意味で変説したのではない。第三章でも論及したように、和辻は「存在の法」たる色受想行識五法と「存在と、存在の法を区別する法」たる無常苦無我の法は無常ではなく、常住であり普遍的であると述定している。この「二層の法」は実有であるというのだ。改めて和辻のテクストを確認し、そこにみえる法有論の背景を探問してみよう。

まず和辻は、原始仏教における現実存在の「法」が、日常生活的経験の素朴具体的な現実のなかにあり、その素朴なる現実を認識し、かつそれを可能にする範疇を指すのだと幾重にも強調する。

ここで、素朴な日常生活的経験の世界に対置されるのは、純粋な自然の世界、自然科学的世界である。自然科学的世界観においては、例えば花は、あるいは異性は一般的な、客観的な認識の対象として捉えられる。だが日常生活的経験世界においては「いかなる場合にも感じられ欲せられるものすなわち価値に関係するもの」として把捉される。従って仏教には、西洋哲学にみられる「存在の学」と「当為の学」の厳密な区別はない。強いていえば「高次の当為」だけなのだ。

同様に主観客観の別もない。素朴具体的な意識は存在と価値の織り交ぜられた組織であり、その複合体を見定めた上で、より高次の当為、根本範疇を設定することこそが原始仏教の転回、新機軸であると和辻はいう。

ここにまた木村泰賢批判が顔を出す。和辻は「この転回」をカントの範疇論に「近づけてはならない」と安易な類比に釘を刺した上で、さらに批点を打つ。

「我々はカントよりいでたショーペンハウエルと近づけることをも慎まなければならない。範疇による認識が単に現象の認識に過ぎず、真の認識がただ直観的認識としてのみ存するという見方には、原始仏教とのある類似が認められはする。しかしこの直観的認識の対象が形而上学的なる世界の本質とせらるる時、この立場は原始仏教の哲学が極力斥けようと

したちょうどその立場に一致して来るのである」(「実践哲学」「第一章根本的立場　第二節」『和辻哲郎全集　第五巻』所収)

けれどもこの批判は『ニイチェ研究』で採った自身の立場にも向けられるのではなかろうか。和辻はさらに重ねてこう述べる。

「原始仏教における唯一の認識が対象とするのは五蘊六入縁起というごとくまさに経験を可能にする『法』であった。そうしてこの『法』の認識こそ、自然的立場よりも高き新しき立場の設定であった。ここにおいては『我』は存しない。いわんや我の本質をや。我の本質より比論によって知らるる世界の本質をや。『世界は我が表象なり』とは、すべての『我が』を抜き去る原始的仏教の立場と根本的に相違する。経典中には盲目的意志の形而上学のごときが全然存しないにかかわらず、行と行との間に、また明らかに異なれる概念の内に、しいてこの形而上学を読み取ろうとする一切の試みは、原始仏教の哲学の正しい理解とは言えない」(和辻　前掲書)

この木村の「形而上学的実在論」としての仏教論への批判は肯綮《こうけい》に中《あた》っている。だが他方で気になるのは、和辻が「より高き立場」「自然的立場よりも高き新しき立場」などと呼ぶ高次の立場、高次の当為のことだ。第三章でも評釈した通り、この「より高き立場」というのは通常の価値観における一層の高みを意味しない。存立規則や自己認識をも含む全存在領域を対象化できるようなメタレヴェルと解すべきである。

さらにお浚いしておくと、引文中の「自然的立場」とは凡夫の視座である。普通の人々の日常的な経験に基づく常識的で素朴な世界観と言い換えてもよい。実覚を疑わず、言語表現を事物の真相と錯視し、生存欲求の充足を求め彷徨《さまよ》う生のあり方である。

「凡夫の立場すなわち自然的立場においては、我があって世界に対している。その世界は空間的にひろがり、時間的に移って行くものである。我は直接にその世界を見、経験する」「その世界は『物の世界』であるばかりでなく、美醜、快苦、善悪のごとき価値の性質を帯び、また実用的な意味を担った世界である」（「第一篇第一章　無我の立場」『仏教倫理思想史』『和辻哲郎全集　第十九巻』所収）

この「自然的立場における知識が、何を意味するかについての認識こそ、真の認識」なのであり、この「真の認識」という上位階型の設定こそが、原始仏教の「決然たる転回点」として認められると和辻はいう（傍点引用者、「実践哲学」「第一章根本的立場　第二節」）。

†無常なる存在の外部に恒常の法がある

そして和辻において、このより高き視座による認識とも、根本範疇とも目される「存在の法」は無常ではなく実有である。

和辻は漢訳「雑阿含」の五蘊に関する一節を引く。パーリ経典の対応箇所を増谷文雄の訳でみてみよう。ブッダが比丘たちに尋ねる。

「『では、無常・苦にして移ろい変るものを見て、〈こはわが所有なり、こは我なり、こはわが本体なり〉となすのは適当であろうか』」（増谷編訳『阿含経典1』ちくま学芸文庫）

和辻はこの引用箇所の「移ろい変るもの」を「変易法」としている。原意は「変化の法」「移ろい変る属性（のあるもの）」「変化する性質のもの」だから「変易法」でよい。

だが、この「変易法」について、和辻はトリッキーな釈義を施す。

「色等五蘊は無常である、変易法である、とは何を意味するか」「ここでは五蘊をただ我々の経験し得る一切のものと解する」「その中にはいわゆる『我及び世間』も含まれているはずである」「無常（anicca）と呼ばれるのは、不変でない、変易する、すなわち時間的に存在する、の義である。一切は無常であるとは、時間的に存在するのでない何物も存せぬというにほかならぬ。すべての存在は推移する、流転する、すなわち変易法である。かく時間的に存在するものとして一切を特徴づけることにより、日常生活的経験の現実からは超時間的な一切のものが排除された」（「実践哲学」「第一章根本的立場　第三節」）

ここまでは仏教の無常観におおよそ則しているといっていいだろう。だが和辻は「しかしながら……」と無常の埒外を設ける。

「しかしながら『一切は無常である』との命題の示す意義そのものは果たして無常であろうか。この意義も時間的な有者であるならば、それは推移し転変し、仏説の法としてあらゆる時代に妥当することはできぬであろう。経典は『法』をかくのごときものとは見なかった。ブッダは世間無常という『法』の域外に立たずして過ぎ行いたが、『法』そのものは超時間的に妥当する。これ経典の示す確信である。ここに我々は存在の領域に対して『法』の領域が確定されていることを認めなければならぬ。五蘊が『変易法』であると言われるとき、この変易するものは法自身ではなくして時間的存在である。変易法は『変易する存在』の『変易せざる法』の意義でなくてはならない」（和辻　前掲書）

つまり「色等五蘊は変易法である」という経典の文言は両義的であって、次の二つのレヴェルの異なる事象が同時に語られていると和辻はいっている。

第一レヴェル：「すべての存在」は時間的なものであり、無常にして変易する。

第二レヴェル：「すべての存在」は移ろい変わるが、その属性を述定する法則、「存在の法」は常住にして不易であり、超時間的に妥当する。

まったく奇矯な論法ではないか。これがいかに無理筋の解釈であるか、哲学者の矢島羊吉が率直に疑義を呈している。

「色等は無常なりと観よという簡単な表現は、はたして、すべての存在するものが無常であることと、すべての存在するものが色等を法として存することとの二つの事がらを言表わそうとしているのであろうか。色等は変易法であるとは、色等が変易するものの変易せざる法であるということを表わそうとしているのであろうか。色等は無常であると言われるとき、単純に色等自身の無常が意味されていると解するのが自然ではないであろうか。色等が変易法であるとは、色等自身が変易する法であると解するしかないのではなかろうか。色等が法であると考えられるならば、それは法としての色等が無常であり、変易することを言表わそうとしていると受取るしかないのではなかろうか」（『無常法』以文社）

和辻が示唆するように、〝すべては無常である〟と言明した場合、この命題自体は〝すべて〟に含まれるのか、換言すれば〝すべては無常である〟という立言自体は無常か、という問いは無論成り立つ。これは哲学において「相対主義のパラドックス」として知られる難問と構造的に同型である。

「相対主義のパラドックス」というのは、もし相対主義の中核的主張が「すべての存在は相対的である」だとするならば、その命題自体は相対的なのか、という問い立てをめぐるパラドックスだ。もし相対的でないとすれば「すべては相対的である」という当の命題が崩れるし、もし相対的であるとすれば、相対主義は絶対的なるものの存在可能性を含み込んでいることになり、やはり「すべての存在は相対的である」という全称命題は崩れてしまう。皮相的に推論すれば、このパラドックスは仏教の無常論にも当て嵌るようにみえる。

†「無常」という苦の根源

しかし第四章でも述べた通り、仏教において、無常は実のところ「概念」ではなく、単に私達の苦の根源である。無常に論理的な根拠はなく、論理操作の対象でもない。無常は「思考、推論の領域にはない」のだ。「無常」という言葉は仮設でしかない。だから、ナーガールジュナは「空七十論」で「一切は無常である」という叙事の常住不易を明確に否定している。再度、教証として引いておこう。

「『すべては無常である』といわれるが、このばあい、説こうとされていることを知らねばならない。なぜなら、無常なるものも恒常なるものものもなんらないからである。もし存在《もの》があるならば、恒常なるものか無常なるものかであろうが、それらの存在《もの》がどこにあろうか、どこにもない、と説いたのである」(瓜生津隆真訳「空七十論(七十詩頌の空性論)」『大乗仏典14　龍樹論集』中公文庫)。

厳密には、無常は言葉によって表現することさえできない。然るにそれは感得し得るのである。インド哲学者の村上真完はいう。

「色等を客観的な外的なあり方と想定しているところに和辻の誤解があったのである。この誤解は我々の日常的な常識に基づいている。例えば遠景の山は遠くに見え、自分の手は近くに見えるのが当たり前で、景色も自分の手も、外ならぬ自分の眼に映じているに過ぎないというのは、視覚の仕組みの知識とその反省の所産に過ぎない。しかしながら外の景色も自分の心の中も瞬時に変わっている、つまり無常であることは、経験できないことではない。誰にも経験できて分かることなのである。こうして無常なる色、ないし、識も理屈なしに、自分の身をもって知ることが出来る、分かることなのである」(『知覚（体験）に基づく仏教か　理屈（理性）に基づく仏教か——和辻哲郎を手掛かりに——』印度学宗教学会編「論集」第三六号)

無常は、ただ私達の投げ込まれた状況であり、苦の根本因として現前しているだけだ。そして、その無常という危機的《クリティカル》な時間を生きるしかない、という留保のない自覚こそが仏教の始まりである。従って「一切は無常である」という命題も、「一切は無常ではない」という命題も存在しない。ただ「一切は無常である」という危機的な自覚があるだけなのだ。かかる論証の要のない自覚を、もし信仰というのであれば、これはまさに信仰である。

†手摺なき階段を上る

その「一切は無常である」という覚そのものも無常であり、常に危機的である。それは変質し得るし、消滅し得る。それは無限とも思えるほど長い、手摺《てすり》なき階段を上っていくようなものなのだ。現に仏教史に限局し見渡してみても、徹底的な無常の認識が貫かれたことはそれほど多くない。人々は常に実体的な観念に傾いでしまう。無意識に〝手摺〟を求めてしまう。本能と言語によって枠付けられた実覚が私達を実体志向に誘導していくのである。

煩に渉るので詳説はしないが、例えば有力部派の説一切有部は、縁起によって生滅する無常な「存在」のカテゴリーである「有為法」に対して、虚空、択滅《ちゃくめつ》（涅槃と同義）、非択滅からなる「無為法」という真実在のカテゴリーを想定した。

また部派仏教では「無為法」とは別に、縁起や無常、色などの五蘊の「法」を真実在とみる議論もあった。パーリ三蔵の論蔵《アビダンマ・ピタカ》に収められている「論事」（カターヴァットゥ／p）という上座部系の文献には、パリニッパンナ／pに関する言議がみえる。この論件については宮下晴輝の『真に実在するもの（parinis̩panna）（上）』（「佛教學セミナー」第九三号）に詳しい。宮下はこのパリニッパンナという術語を「真に実在するもの」と解釈している。「論事」では「真に実在するもの」の性質をめぐって、和辻の「二層の法」論に酷似した論議がなされている。

これに対し、ナーガールジュナは「中論」第七章三三偈で「生起・持続・消滅の三相が成立しないから、有為法は存在しない。有為法が成立しないとき、どうして無為法が成立することがあろうか」と批判している（桂紹隆訳『龍樹『根本中頌』を読む』春秋社）。さらに続く三四偈では真実在がトータルに否定される。「生起も、持続も、消滅も、幻のごとく、夢のごとく、蜃気楼のごとし、と［諸仏によって］説かれている」（前掲書）

†「空」の全体主義

然るに和辻は無常の存在の領域に対して、常住にして久遠の「法」の領域が確定されている、という。論敵の木村泰賢同様、「動くものの中における動かぬ一定の法則」を探し当てようとしているのだ。

木村はその動かぬ一点を法性と捉え、形而上学的実在であるとした。和辻もまた法性との言葉を使わずに「存在の法」と「存在と、存在の法を区別する法」を恒常の実在であるとした。村上真完は和辻のいう「法」を法性と解釈できるとしている。

「もし本質が存在するもの（法）に内在する性質・本性であるとするならば、法性（サンスクリット dharmatā）であることになる。このように敢て再解釈するならば、仏典の用語法となるであろう。なお法が概念に過ぎない場合にも、不変な概念ではなく仮の概念であって無常なことは避けられない」（『知覚（体験）に基づく仏教か　理屈（理性）に基づく仏教

か』前掲）
松本史朗は和辻の「法常住説」を批判したのちに総括的に次のように述べている。
「五蘊といえ十二支といえそれらが諸法、すなわち、可滅の属性である点に何等変りはない。法は確固不変なるものではなく、反対に実に不安定な中ぶらりんな危機的存在なのだ。我々の生に存在論的な根拠などどこにもない。我々はこの不安定な危機的な諸法の時間的因果系列としてのみ存在しているのだ。『諸法が顕現する』とは、我々の生が全く不確固なものとして、危機的な可滅の諸法の連続として見られたことに他ならない。縁起の理法が見られたわけでもなく、『形なき純粋生命』が見られたのでもない」（「縁起について」『縁起と空』所収　大蔵出版）

この批判は和辻のみならず、木村泰賢の仏教論をも深く穿つと思われる。


木村は早世し第二次世界大戦を経験しなかった。和辻は戦時を生き通し、戦後の復興から高度経済成長までを見届ける。日本が開戦に踏み切る四年前、彼は『普遍的道徳と国民的道徳』という論考を岩波書店の「思想」誌上で発表する。そこにはかかる一文がみえる。

「無限なる全体性即ち『空』の前に一切の個人を消滅せしめた仏教においては、人間の共同態はそれぞれの段階においてこの絶対的全体性を実現するところの場面である」

「大乗仏教の優れた特徴の一つは、家族より初めて国民全体に至るまでの生存共同態が、そのまま絶対的全体性の実現たり得ることの承認であった。生活の共同はそれぞれの程度における自他不二の実現である。具体的なる生の共同として実現せられることを除いては、自他不二は『空』にほかならぬ。かく見れば有限なる人間の全体性は、無限なる全体性即ち『空』において成立し、この全体性が己れを現わす必然的な道として、最も根源的な意義を獲得する。それは人間の無差別の実現として、即ち『空』の具体的な実現として、最高の道徳である。仏教の理想がわれわれの祖先の精神的昂奮を惹き起した時に、彼らがそれを超国民的な教団という如きものとして実現することなく、社会主義的な国民社会の組織として実現した如きは、その顕著な証拠である。仏教による普遍的道徳の実現が、その最大のスケールにおいてはただ国民としての全体性においてのみ実現せられたということを、われわれは安んじていい得るのである」（『和辻哲郎全集　第二十三巻』所収　岩波書店）

　これは、空性の悪解に基づくあからさまな全体主義以外の何物でもあるまい。

　末木文美士はこのように酷評している。

「ここでは、原始仏教解釈に示された鋭利な論法は見られず、あまりに安易な結論と言わなければならない。仏教の『空』『無我』がやすやすと『国家』『国民』に結びついていく――ここにもまた、和辻のみならず、近代日本の仏教解釈の陥ったひとつの罠が潜んでいるといわなければならない」（「和辻哲郎の原始仏教論」『近代日本と仏教　近代日本の思想・

再考Ⅱ』トランスビュー）

辛辣な批判は当然だが、末木は「近代日本の仏教解釈の陥ったひとつの罠」に関説していない。和辻はいかなる「罠」に嵌ったのかが解き明かされていないのだ。

†言語の罠

私からみれば、法や法性、そして空性までも実体的に捉えてしまったことが「罠」に嵌った原因である。例えば空性の概念化の過誤について、ナーガールジュナはまず「中論」第一三章八偈でしっかりと釘を刺している。

「およそ、空性という見解をいだく人々〔がおり〕、かれらを癒し難い人々であると、〔もろもろの勝者は〕語った」（三枝充悳訳注『中論（中）』第三文明社レグルス文庫）

さらに第二四章一一偈、一二偈でも念を押している。

「空性は、間違って理解すると、捕まえ方を間違えたヘビのように、あるいは間違って唱えた呪文のように、愚か者を破滅させる」

「したがって、この〔空性の〕教え（法）は愚者たちに理解しがたいと考えて、〔釈迦〕牟尼はそれを説くことを躊躇されたのであった」（桂紹隆訳『龍樹『根本中頌』を読む』春秋社）

同じ戒めが大乗経典の「宝積経《ほうしゃくきょう》（迦葉品《かしょうぼん》）」に、より詳しく説かれてあるのでみておこう。

比丘や菩薩の多数集う霊鷲山《りょうじゅせん》で、ブッダが長老のカーシャパ（マハーカッサパ）に「空を概念化してはならない」という戒めを授ける。

「カーシャパよ。もしある人々が空性という概念をつくり上げ、その（観念的な）空性に帰依するならば、カーシャパよ、私は彼らをこの教えから疎外され、破壊された者であると呼ぼう。実に、カーシャパよ、空性という観念（空見）を足場にして思い上がっている者よりは、スメール山ほどにも大きな個我の観念（我見）に依拠している者のほうが、まだしもましである。それはなぜか。カーシャパよ、個我の観念を信奉する者を（自由な境地に）出離させるのが空性であるのに、その空性の観念に固執するならば、彼は何によって出離することができようか。（それを癒す薬はない。）」

「カーシャパよ、それと同じように、観念に固執する者をすべて（自由な境地へ）出離させるのが空性である。しかるに、カーシャパよ、もしその空性をこそ観念化する者があるならば、彼こそは癒すことのできない者、と私は呼ぶ」（「釈葉品（カーシャパの章）」『大乗仏典9　宝積部経典』中公文庫）

†近代的知識人の限界

和辻哲郎が絡め捕られた罠は、ある意味驚くほど単純な仕掛けだ。だが、同時にそれには驚くほど微妙な絡繰《からくり》が仕込まれている。どれほど細心の注意を払っていても、人の思考に侵入し、知覚の領域にも食い込み、やがて執著を確立してしまう言語（概念）という罠。

木村や和辻をして、原始仏教の際立った個人主義的性格を無視せしめ、自我の範域を家族から共同体、国家に拡張し、最終的には宇宙大のスケールにまで膨張せしめた元凶は、彼らが実体性、恒常性への執著を最終的に払拭できなかった点にある。とりわけ知識人のレヴェルにおいて常に問題となるのは、言語に対する批判的意志の弱さだ。自我の、自意識の現存性が言語によって支えられるものであることを見徹《けんてつ》するならば、家族だの、共同体だの、国家だのが、言語が齎す虚構、即ち「戯論《けろん》」に過ぎないことは火をみるより明らかなはずだ。それを頭では一応理解しながら、知性は往々にしてこの「罠」に落ちてしまう。知なるものの運命なのかもしれない。

「絶対的生命」であれ、「形而上学的実在」であれ、「法性」であれ、「自他不二の『空』」であれ、恒常的な実体を核とする縁起論の帰趨は、ややもすれば、木村泰賢の作した同心円図のような自我拡張や和辻哲郎の国家社会論のごときものとなる。彼らの掛かった

『罠』とは、古より仏教が問題にし続けてきた当体であったのだ。

けれども和辻は、仏教における〝言語という問題〟についての関心をまったく欠落させていたわけではない。

例えば十二支縁起の一支分でもある名色の意義について、和辻はまず仏教以前のブラーフマナ文献にみえる、名色の「名」を言葉と捉え、「色」を心と捉える用法を参看する（「実践哲学」「第二章縁起説　第四節」）。この名色観は「名」を精神的、心的なもの、「色」を物質的、身体的なものと看做す仏教の伝統的語釈とは著しく異なる。その上で彼は名色論をこう展開する。

「『名』は言葉であるとされる。しかしここで単に言葉の音や表象が意味さるるのでなく、その表出せる『意味』が意味されていることは明らかである」「たとえば花というとき、この名はある特定の物象の把捉を意味する。ばらの花というとき、この名はさらに特殊な物象の把捉を意味する。名なきものは把捉されざるもの、無きものである。否、『名なきもの』というときそれはすでに名であって真に名なきものではない。『無きもの』『知られざるもの』というも同様である。かくのごとく名は一切を覆うものであるが、しかし物象そのものではない。花という名によって把捉されるそのものは、この名を充たすところの名でないもの、すなわち色である。名なきものはあり得ぬとしても、名づけらるるものとしての名でないものは色として存する。そうしてこの名でないものは必ず名あるものでなくてはならぬ。名のうちには色によって充たされない名、すなわち非色たる法があるが、色として名なきものは把捉せられていない。だからここで色に充たさるることを要しない純粋の名を除いて考えれば、あらゆるものは名色である。名なき色なく、色なき名はない」

(「実践哲学」「第二章第四節」)

この一文を読むと和辻において、言語という、人々の知覚にまで食い込み、認識や思考をあまねく統整し、延いては政治や社会経済の基層の形成に深く関与する機構の厄介さがある程度意識されているのがわかる。

ブッダも、古層に分類されるサンユッタ・ニカーヤ有偈篇所収の「名称経《ナーマスッタン》」という題の経に、同様の示教を残している。

「名は一切のものに打ち勝つ。名よりもさらに多くのものは存在しない。名という唯だ一つのものに、一切のものが従属した。」(中村元訳『ブッダ　神々との対話　サンユッタ・ニカーヤI』岩波文庫)

†第一次縁起論争の実像

和辻においても、言語を言語によって対象化し、批判しようとすることの困難性は理解されていたはずなのだ。しかしながら、やはり「色によって充たされない名、すなわち非色たる法」「色に充たさるることを要しない純粋の名」という埒外が設定されている。和辻によれば〝丸い四角形〟のような、論理的にあり得ない虚辞すら、「結合しがたき二つの名の集合」を表象するものとして名色の埒内に収められる（和辻　前掲書）。然るに「非色たる法」「純粋の名」は名色の埒外なのである。

「法」（色受想行識五法）や「法の法」（無常苦無我の法）を何としても存在の領域、つまり無常の世界から別除しなければならないというのが和辻の強い信憑だった。取り分けられた「法」はプラトンのいうイデアのような、永遠に変滅しない絶対の実在、つまり実体という他なきものとして安置される。

木村泰賢は「大正生命主義」という時代の思潮と仏教とを附会し、仏説に反する有我論、法有論を認容し、最終的には宇宙的な大我と個の真我の一如までも説くに至った。

この木村の「生の哲学」への傾倒を厳しく批判した和辻哲郎も、「法」や「法の法」を変易せざる、無常ならざる観念的実体と定め、やがて空性をも実体的に捉え、戦間期には、空によって共同体や国家を絶対的全体性の現実態として肯定する過失を重ねていく。

「大正生命主義」に基づくニーチェ解釈が和辻の哲学者としての出発点であった。彼は原始仏教の原典研究を通じてその思想を摂取し、「生命主義」や「生の哲学」に一定の距離を置いたかにみえるが、言語批判が不十分であり、色によって充たされぬ純粋名辞としての「法」という永遠不滅の観念的実在を措定してしまう。実体論への志向を遂に克服することができなかったのである。

これが第一次縁起論争の実像である。確かに論点は際立っていたし、現代の仏教や仏教学は等閑視するような本質的議題が真摯に論じられている。私達はなおそこから多くを学び得るだろう。

だが、論争者たちを拘束していた当時の時代の様相から自由になった現在からみれば、第一次論争参加者たちのスタンディングポイントは、とくに激しく対立した木村泰賢と和辻哲郎においてすら、それほど懸け離れてはいなかった。彼らの仏教理解、とくに初期仏教の縁起説理解は時代の限界の裡《うち》にあり、世間の流れに逆らい行き、そして、世間の流れを超えることはなかった。

†相対主義の擡頭と三枝の危惧

最後に、第二次縁起論争における三枝充悳の〝焦慮〟と時代状況について若干考察をめぐらしておこう。

この論争での三枝の筆鋒が、鋭利ではあるがとても焦燥感に満ちたものにみえることは

第四章で指摘した。

一九七〇年代から八〇年代初頭にかけて、知識世界の一大思潮だったマルクス主義の衰微が顕著化し、ほぼ時を同じくして、実務世界の思考の基礎をなしていた科学的合理主義にも懐疑的な視線が注がれるようになってきた。

社会科学においてもグランドセオリー（一般理論）の不在が常態化し、ひとり経済学だけがピースミールエンジニアリング（部分改良的政策技術）として生き延びた。

普遍性や一般性への志向が失われ、論理性や実証性は軽んじられ、すべては修辞と解釈相様に過ぎないという相対主義が勢いを増しつつあった。

こうしたなか、仏教学という領域で、頑なまでに資料文献の実証性に立て籠もって他説を斥け続けた三枝の態度は異様に映ったのである。論争に臨んだ彼の意図を再度引用しておこう。

「概念の規定が不徹底ですと、なにもかも一つになってしまい、いわゆる仏教フロシキ論によって、各々が曖昧模糊のままで一枚のフロシキにまるめこまれる危険性があり、それは仏教独特の諸思想の多様性とは全く似て非なるものであることを、充分に顧慮しなければならないでしょう」（三枝〈10〉［3］／「中外日報」一九八〇年三月四日付）

とりわけ十二支縁起説のような、非常に洗練された強力な理論は多くの人々を惹き付ける。剰《あまつさ》えこの縁起説には解釈の難しい面があり、それ故、歴史を顧みても多様な釈義が並び立ってきた。このことを考え合わせると、文献学的実証の相対化を放置すれば仏教の混沌を招来してしまうに違いない、という危機感が三枝の心裡に漲《みなぎ》っていたものと推される。ましてポストモダニズム流の〝解釈の戯れ〟に任せたとき、そこが宗教史の闇から何を呼び出してくるかわからないという、そこはかとない不安もあったと思われる。

†オウムの十二支縁起解釈

一九九五年、東京の地下鉄でサリンという神経ガスが散布され、乗客、乗務員をはじめ多数の人々が殺傷されるという日本史上最悪のテロが起こった。実行したのは「オウム真理教」というヨーガ系、仏教系の新興宗教の教団だった。

オウム真理教は麻原彰晃こと松本智津夫を教祖とし、一九八七年に発足した宗教団体であるが、その前身のヨーガ道場「オウム神仙の会」が開業したのは一九八四年だ。第二次縁起論争の終結から五年も経ない時点であった。

オウム真理教は様々な仏教教理を独自に解釈し改変したが、十二支縁起説も流用している。無我説や空観は受け容れなかった麻原彰晃だが、十二支縁起には詳しい釈義を施し、教義に組み入れている。麻原の著作『生死を超える　増補改訂版』、『タターガタ・アビダ

ンマ　第一誦品　大宇宙の実相』（ともにオウム出版）などに詳述されているので概略をみてみよう。

まず仏教でいう順観は次のような進程となっている。

［1］無明（非神秘力）↓［2］行（経験の構成）↓［3］識（識別）↓［4］名色（心の要素‐形状‐容姿）↓［5］六処（六つの感覚要素と対象）↓［6］触（接触）↓［7］受（感覚）↓［8］愛（渇愛）↓［9］取著（とらわれ）↓［10］有（生存）↓［11］生（出生）↓［12］苦（苦しみ）

無明は非神秘力と解釈されている。この非神秘力を条件として次の支分、行（経験の構成）が生起する機制を麻原は「内側の神秘的なもの、つまり絶対自由・絶対幸福・絶対歓喜ではないものに対して向かうがゆえに、三グナと干渉する。そして、それは真我が独存位になる以前の経験の構成というものを生起させるわけである」と説明している（『タターガタ・アビダンマ　第一誦品　大宇宙の実相』オウム出版）。

内面に潜む「真我」の神秘的な力を覆っている無明（非神秘力）のために、汚れた現世（現象界）での諸経験が構成されてしまう、という意味であろう。

三グナ、トリグナ／sとは六派哲学の一つ、サーンキヤ学派の教理の中核にある鍵概念の一つだ。既述の通り、サーンキヤ学派は漢語で数論（学）派とも呼ばれ、二つの実体、精神と物質の二元論を立てたことで知られる。木村泰賢も十二支縁起の解釈において参照した（第二章、第三章参照）。

この学派の教えによれば、三グナは根本原質であるプラクリティの構成要素であり、サットヴァ（純質）、ラジャス（激質）、タマス（暗質）から成る。プラクリティは物質的展開の質料因とされている。この世界が開展する前、サットヴァ、ラジャス、タマスの三要素は平衡しており静止状態にあった。ところが純粋精神（神我）であるプルシャがこの三要素を観照したことで、それらのあいだで保たれていた平衡が崩れ、世界展開の運動が始まったという。

サーンキヤ学派は同じく六派哲学の一派、ヨーガ学派と密接に関わっていて、相互補完的な関係にある。サーンキヤ学派が主に理論面を、ヨーガ学派が主に実践面を担って表裏一体を成しているような関係だ。おそらく麻原はヨーガを学ぶうちに、サーンキヤの教理を知り、これを取り入れたのであろう。

†オウム真理教の牽強付会

プルシャは、オウムにおいては専ら真我と呼ばれ、原初に「完全煩悩破壊界（マハー・ニルヴァーナ）」などという上位世界にあって、絶対自由、絶対幸福、絶対歓喜を享受していたとされる。この真我が三グナの干渉を受けて、本来の姿を失い錯覚に陥ってしまう。そうして下位世界の「コーザル界（コーザル世界、非形状界）」「アストラル界（アストラル世界、形状界）」に下降し、最終的に「現象界（愛欲界）」に転落する。この真我が頽落した姿が有情であり、人間なのだ。「コーザル」や「アストラル」とは神智学に由来する用語で、オカルトや精神世界、ヨーガの書籍にもよくみられ、異質にして不可視の世界や身体に冠されて使われる。

　麻原によれば「コーザル界」は光優位の想念の世界で、上方に行くほど透明度が増し、光が情報としてあり、かつ遠い過去から遥かな未来までに至るまでのデータが存在している。この点、神智学でいう「アカシックレコード」に近く、麻原も関連を認めている。「アストラル界」は音、ヴァイブレーション優位の微細な物質でできたイメージの世界。「現象界」は熱優位の粗雑な物質でできている世界。現在、私達が生きているのがこの「現象界」で、仏教でいう六道もこの「現象界」に含まれる、とされる。

　重要なのはオウム真理教において、この近代神智学に由来する「コーザル界」「アストラル界」「現象界」が、わざわざ仏教における三界に擬されていたという点だ。「コーザル界」が無色界、「アストラル界」が色界、「現象界」が欲界にそれぞれ附会されていた。

　また真我の降下、転落の過程も十二支縁起によって説明している。頽落によって積み重ねられたカルマ、慣性となってしまった執著をヨーガの修行によって滅尽し、真我独存の状態、即ち絶対自由・絶対幸福・絶対歓喜の境地に帰還することが、オウムにとっての「最終解脱」なのだ。

もとより仏教の十二支縁起説とは無縁の概念、無縁の教義である。オウムの教えは、原始仏教や初期仏教にはない、近代神智学やヒンドゥー教、後期密教、そして様々な神秘思想の概念を、このように解釈の名の下に牽強附会し、肉付けして構築されたものだ。

†仏教学者や僧侶が惹かれたもの

仏教の逆観に当たる、苦を滅する進程の方はまさに独自で、完全に十二支縁起から離れ、「信」に始まり、「解脱」に終わる一〇のプロセスが設定されている。その進程は以下の通り。

[1] 信（信）→ [2] 悦（歓喜、第一静慮）→ [3] 喜（喜、第二静慮）→ [4] 軽安（静寂、第三静慮）→ [5] 楽（楽、第三静慮）→ [6] 三昧（サマディ、第四静慮）→ [7] 如実知見（如実精通見解）→ [8] 遠離（現世否定）→ [9] 離貪（離愛著）→ [10] 解脱（離解脱）

これにかかる解説が施される。

『縁起の法』の一番のポイントは、人が人生のすべてを〝苦〟だと感じることが解脱への第一条件だということである。詳しいことは後にして、だいたいの流れを述べてみよう。〝苦〟を感じると、藁《わら》をもつかむ気持ちから解脱したいという強い思いが生じる。これを〝信仰〟という。信仰があると解脱への〝修行〟をするようになる。修行すると〝クンダリニーが覚醒〟する。クンダリニーが覚醒すると、〝悦〟が生じる。それがサハスラーラ・チァクラに到達すると〝喜〟が生ずる。喜がサハスラーラ・チァクラに満ちると〝軽安《きようあん》〟が生じる。軽安が体を満たすと〝楽〟が生じる。精神的にも肉体的にも楽で満たされると、強い精神集中を得ることができる。それによって〝三昧《さんまい》〟に至る。三昧によってすべてのことを完全に知ることができる。これを〝如実知見〟という。すべてのことが理解できたとき、この世が幻影だと悟り〝遠離《おんり》〟する。遠離すると〝離貪《りとん》〟する。離貪することによって〝解脱〟する。自分でも解脱したという納得が生じる」(『生死を超える増補改訂版』オウム出版)

引用中の「クンダリニー」とは身体に潜在し、平素は尾骨、仙骨周辺に眠っているとされる根源的な生命エネルギーのことである。クンダリニー・ヨーガはこれを覚醒させる身心技法とされる。

宗教学者の永沢哲は、麻原の十二支縁起から解脱へのプロセスについて「彼は、十二縁起について、体験に即したヴィヴィッドな解釈を与えるとともに、解脱に至るプロセスを、クンダリニー・ヨーガの深化として、統一的に表現した」と評価している（『わが隣人麻原彰晃――霊的実践における技術とポイエーシス』、中沢新一責任編集「イマーゴ　一九九五年八月号臨時増刊号／オウム真理教の深層」所収　青土社）。

「近代仏教学では、クンダリニー・ヨーガが仏教の中で本格的に修行されるようになったのは、八世紀にはじまる後期密教からで、それもヒンドゥー教のヨーガとの接触によって影響を受けたのだという考え方が、支配的だ。実際、現在ビルマやスリランカに伝えられ、シャーキャムニ・ブッダの教えにもっとも忠実だと考えられている上座部仏教のなかには、座法と呼吸法の制御によって、クンダリニーを覚醒させるという修行法は見あたらない。ところが、彼は、野蛮にも、この仏教学の『常識』をクンダリニー・ヨーガの体験から、あっさり転倒してしまうのだ。それは、とてもオリジナルな思考のあり方を示している」（永沢　前掲論文）

そして、この節の直後の永沢による示唆が衝撃的であり、限りなく重要だ。

「それだけではない。この道程論は、八正道や止観の瞑想だけで、果たして本当に解脱できるのだろうかという、ヨーロッパで発達した近代仏教学の発想にあきたらない思いを抱えていたアノマリーな仏教学者たちの疑問に、体験的根拠を与えてくれるように見える、という点において、とても魅力的なのだ。麻原彰晃は、この発想を、その後さらに展開させ、シャーキャムニ・ブッダの教えを、インドのヨーガの伝統の全体の中に位置づけなおすとともに、原始仏教の阿含経典について、きわめて独自の解読を示して見せた。伝統仏教の修行形態や形骸化した教学に強い不満を抱いていた、禅宗や真言宗をはじめとするさまざまな宗派の僧侶が、オウム真理教に接近し、麻原彰晃の教えを受けた背景には、『超能力』の魅力とともに、この『解脱』道程論が一つの理由としてはたらいていたと考えられる」（永沢　前掲論文）

永沢は例外的な、アノマラスな仏教学者たちとは誰なのか、を明らかにしていない。だが、近代仏教学を超えて〝ポストモダンの仏教〟の構築を目指す研究者や僧侶のあいだに、そのような逸脱を良しとする向きがあったのは事実だろう。

例えば第四章で引用した、後に麻原彰晃に多大な影響を与えることになったとされるラマ・ケツン・サンポ＋中沢新一『虹の階梯』の初版が平河出版社から刊行されたのは一九八一年である。この本には、引文に表れている比較的正統な中観派の教説とともに、チベット密教ニンマ派の瞑想術がかなり詳しく紹介されてある。確かに当時「八正道や止観の瞑想」には飽き足らないものを感じていた仏教研究者のなかに、この本に記されたエキゾティックかつエソテリックなヨーガの加行法にある種の〝活路〟を見出す者がいたとしても不思議ではない。

だが四諦、八正道の教義や止観の修法に限界を感じたという仏教学者たちは、本当に失望するほど初期仏教の教えや修道に精通していたのだろうか。パーリ聖典、ニカーヤ、阿含経典を熟読していただろうか。その瞑想実践である観行（ヴィパッサナー瞑想）、止行（サマタ瞑想）を十分に修していたか。大いに疑問だ。

†顚倒した麻原の修行法

また麻原による阿含、ニカーヤの解釈も、一見尤もらしく書かれているが、精読すると粗笨《そほん》で、我田引水が目立つ。少なくとも「独自の読解」とされている部分は、単なる出鱈目にしかみえない。

永沢も、パーリ経典、例えばディーガ・ニカーヤ第二二経「大念処経」に説示されている「四念処」という観想法を次のように評価している。

「説一切有部以降、しだいに体系的に整備された四念処の瞑想は、自分の体や感覚のはたらき、心の動き、外部の物質的世界に対する執着をしだいに弱めていくことによって、静かな空の境地に入っていくためのものだと考えることができる。まず最初の『我が身は不浄である』『受は苦である』という瞑想は、言葉の否定的な力によって、身体や感覚に対する執着を弱めるはたらきを持っている。それから、三番目の『心は無常である』と四番目の『法は無我なり』をテーマに、分析を深めていくことによって、自己にも、さまざまな外界の現象としてあらわれてくるものにも、実体がないということを自覚し、最終的には、自己と他者、内部と外部といった二元論的な意識作用のはたらきを解体していくことができる」（永沢　前掲論文）

然るに、麻原彰晃の示す修行の進程においては、本来ならば自他の解体へと向かうはずのプロセスが逆転してしまう。

「ところが、『生死を超える』の「四つの記憶修習」では、実体としての真我の存在を前提にしたうえで、その真我と、その真我をまどわす、心に生じてくる現象や観念、イメージ（とくに社会的常識）を区別し、さらに真我以外のものを、否定していくことに重点が置かれている。真我は、自己とそれ以外のものを区別するためにいっしょうけんめいになりながら、無に向かう力として、存在の作りなす世界を破壊するテンション構造の中におかれている」（永沢　前掲論文）

麻原は、ブッダの教えを「インドのヨーガの伝統の全体の中に位置づけなおす」目的で、真我を実体と看做すサーンキヤ的実在論を無理矢理仏教に接合し、歪《いびつ》で奇怪な教理体系を捏造してしまった。修習レヴェルにおいても仏教の瞑想を捩じ曲げ、信徒を誤った境地に導いていったのである。

†宗教テロを育んだ揺籃

何がオウム真理教を育んだのか、一九七〇年代末から八〇年代後半にかけて起こった知的世界の動揺、ポストモダン相対主義擡頭の余波が宗教界にも及んだ結果、メディアもアカデミアもオウムを容認してしまった。それらは麻原らにとって暖かく、柔らかい揺籃《ようらん》ですらあった。

当時ポップカルチャーの世界には、各種オカルティズム、超心理学、超古代史、終末論、陰謀論などが瀰漫《びまん》していた。価値の相対化はたちまち単なる価値の紊乱《びんらん》に転落し、普遍的なリアリティは無秩序な「差異の戯れ」に放散していった。

その潮流が仏教や仏教学の世界にも流れ込み、密教ブームやチベットブームを牽引することになった。かかる状況の下で、初期仏教を、ヒンドゥー教のサーンキヤ学派や後期密教、グノーシス主義などの神秘思想、神智学などと〝習合〟させようという構想はごく自然なものと受け止められた。

三枝充悳はこのような、果てのない相対化の流れに、敢然と抗おうとしたのではないか。資料や文献を楯として、恣意的な解釈論や実証的根拠を欠いた教理論を放逐することで、厳格な教学の水準を死守しようとした。

もちろんオウム真理教のごときカルトの出現を予期していたわけではないだろう。だが、そうした教団の教義に説得され、魅了される専門家が続出しかねない知的状況に対する憂慮を募らせていたはずだ。

そこで、十二支縁起をブッダの悟りの内容とすることを真っ向から否定したり、縁起は「無常―苦―無我」の全局、または三項のそれぞれと何の連絡もないと断定したり、ポレミカルとも受け取られる議論を全面的に展開した。かくして第二次縁起論争が惹起されたのである。

三枝の試みは半ば成功し、半ば失敗した。文献学的、実証的な方法による研究はますます仏教学の主流を占め、佐々木閑《しずか》のような学界外にも影響力を持する、有力な研究者に受け継がれていった。思想や哲学に照準した非文献学的な仏教学は、「批判仏教」の一時期の強勢を例外として次第に衰えていく。また日本テーラワーダ仏教協会設立を契機に、様々なかたちで上座仏教の本格的な伝道がなされるようになった。近年では、瞑想リトリートやマインドフルネス・セミナーなどを通じて、主に上座部系の初期仏教の修習法が盛んに指導されている。

だが、三枝はオウム真理教のテロリズムを抑止することはできなかった。一部の仏教学者や宗教学者、僧侶が麻原彰晃に接近したり、オウムに傾倒したりするのを留めることもできなかったのだ。

†ポストモダン仏教の陥穽

山折哲雄はこれまでも何度か引用してきた、第一次縁起論争を主題とした論考で、論理や実証に重きを置く近代仏教学が忘失したものについてこう述べている。

「それは、仏陀の光り輝く身体のその明澄性の奥深くしまわれているはずの内部生命の世界であった。仏陀の身体的な表層の殻を突き破ってその深層に下降していく方法と問題意識が放擲されたのである。仏陀の内部生命の根底に、カオスの渦流が噴きあげていることを忘失したのだといっていい。そのようなカオスの渦流のなかから原始仏教のエネルギーがくみだされていることへの洞察が、みごとに回避されたのである」

「実をいえば、この表層から深層への回路を開こうとしたのが木村泰賢であったと思う。かれの無明―盲目意志論こそは、その試みを駆動する不可避のキーコンセプトであったと私は思う。換言すれば木村は、仏陀の宗教体験の彼方にデーモンの呼び声をききわけようとしたのである。そしてそのデーモンの呼び声は、仏陀という存在をもこえて、歴史の始源の闇のなかからきこえてくる大いなる響きであるとかれは考えたのだ」(「やせほそった

『仏陀』」『近代日本人の宗教意識』岩波現代文庫）

この論文の初出は一九八七年である。山折のこの引文にみえる木村泰賢評は論拠が明らかにされていないので、その当否を判じることはできない。また文中のブッダの〝宗教体験〟についての見解も何ら経証が提示されていない。従って、ブッダの身体の「明澄性の奥深くしまわれているはずの内部生命の世界」と謳い上げられても、解釈論ですらなく、ただ山折がそう感じているというだけの話である。

だが、当時の仏教の状況をめぐる論説がアカデミア周辺においてすら、「仏陀という存在をもこえて」歴史の闇から「デーモン」を招喚する試みに、一定以上の評価を下していたことがはっきりとわかる一節だ。

インド哲学者の桂紹隆が二〇〇〇年発行の学会誌で認めたように、「オウム真理教は仏教ではないのか」という問いには「多様な仏教の存在を認める立場からすると、オウム真理教も仏教である、あるいは、仏教であり得た、と答えざるを得ない」のである（『オウム真理教は仏教か――インド仏教研究に関する方法論的反省――』「日本佛教學會年報」第六六号）。

†虚構に執著する者たち

これがオウム真理教事件前後の〝ポストモダン仏教〟の実情だ。

しかしながら、本書の第一次縁起論争についての考察、評説が明らかにしたのは、近代仏教学の中興の祖と目されている木村泰賢、和辻哲郎の仏教観からして「大正生命主義」をはじめとする時代の思潮に強い影響を受け反仏教的な実体論的ないしは実在論的な思考に陥っていたという事実である。

思い出して欲しい。梵天勧請の説話で、ブッダが世人に教えを説くことを躊躇《ためら》った理由を明かす場面で、彼は確かにこう語っていた。「執着を好み、執着を楽しみ、執着を喜んでいる人々には、いわゆる〈これを縁とすること、縁起〉ということの道理は見がたい」と(「聖なるものの探求――聖求経」『原始仏典第四巻　中部経典Ⅰ』春秋社)。

この「執着」は原語ではアーラヤ/pである。もともとの意味は「ものを蓄える場所、貯蔵庫」。ここでは、人がそれまで蓄積してきた経験に基づく慣習を意味し、そのなかには当然、言語という根源的慣習も含まれている。仏教はこの言語慣習や言語表現を一貫して批判してきたわけだが、その理由は言語が事物事象の実体視を助長し、促進するからだ。例えば、物がやがて損なわれ壊れることは経験的に知ることができるが、物が言葉に転じたとき、それの損壊《い》を経験的に知ることはできない。例えば「ある机」はやがて壊れ、実は常に変化し続けているが、「机」という語で表される概念が変壊することはない。

言葉として分節される概念や観念は、事物事象を実体として固定しようとする本能を強化し、直接的な知覚の範域を遥かに超えて実体視を可能にする。見たり、聞いたり、嗅いだり、味わったり、触れたりできない仮構すら、例えば神や国家、生命、あるいは天界や地獄界なども言語によって実体的に捉えることが可能となる。

ユヴァル・ノア・ハラリの『サピエンス全史』によれば、言語の獲得こそが、ホモ・サピエンスがかくも繁殖し、繁栄を遂げた決め手だった。

七万年前から三万年前、サピエンスに「認知革命」が起こった。彼らは他の動物が用いる前言語的な意思疎通や情報伝達の手段とは比べものにならないほど複雑な表現が可能で、柔軟性に富んだ、言語を駆使するようになった。この高度な言語によって、現前するものばかりではなく、現前しないもの、現実には存在しないものを想像し、表出できるようになった。例えば架空の産物、仮想的概念、抽象的思考、そして虚構や物語を表現し、伝達できるようになったのだ。

この高度な言語によって可能となった虚構こそが、大規模な集団の形成、維持、発展の装置として機能した。

「近代国家にせよ、中世の教会組織にせよ、古代の都市にせよ、太古の部族にせよ、人間の大規模な協力体制は何であれ、人々の集合的想像の中にのみ存在する共通の神話に根差している」(『サピエンス全史』上巻　河出書房新社)

†言葉によってかたち作られる社会と原本的疎外

古代社会における部族のトーテムから、なお小さからぬ影響力を残している国家宗教やイデオロギーまで、すべて言語によって齎される虚構であった。ナショナリズムもデモクラシーもマスメディアも虚構ならば、人権も貨幣も市場も、そして科学への信頼も虚構である。近代的な政治経済の基盤は、原理的に、いにしえのアニミズムや建国神話と選ぶところがない。それらは大規模な共同体を円滑に統合し制御するための装置である。つまり虚構なのである。しかしそれらは、サピエンスの生存と繁栄に必要不可欠な虚構、擬制だった。言語によってかたち作られる世間（ローカ）は虚妄ではないが虚構である、などといわれるのはこの意味においてである。

けれども虚構は虚構なのである。「現実」は苦というかたちで、言語が齎す虚構に依拠する人間に埋め合わせを迫ってくる。虚構は類としての人を繁栄に導くと同時に、個としての人を疎外する。仏教が生殖や繁栄の意義を相対化し、生存を厭い、言語を批判するのは、この「必要不可欠な虚構」が苦という原本的疎外の促進因であることを知っていたからである。

例えばハラリは消費社会の神話性をこう描出している。

「消費主義は、幸せになるためにはできるかぎり多くの製品やサービスを消費しなくてはならない、と私たちに命ずる。何かが欠けている、あるいはしっくりこないと感じたら、おそらく私たちは製品(自動車、新しい服、自然食品)あるいはサービス(家事、対人関係療法、ヨガのクラス)を買ったり受けたりする必要がある。どのテレビのコマーシャルも、何らかの製品あるいはサービスを消費すれば人生が良くなるという、小さな神話なのだ」(ハラリ　前掲書上巻)

かかる「消費主義」は個にとってみれば端的に疎外であり、仏教的にいうならば苦に他ならない。生存欲に基づき社会経済の維持発展に寄与する、言語によって織り上げられた「神話」、つまり有用な虚構なのである。

しかも言語は示差的な体系、仏教でいえば「相互依存の縁起」的な体系を成している。例えば「兄」は「弟」との差異において「兄」たり得るのであるし、かつ「兄」は「弟」に依存して「兄」たり得るのである。然るに「兄」なる実体はない。従って「弟」なる実体もない。他の場合も「兄」や「弟」と同じ構造において表象される仮構に過ぎない。思想家の柄谷行人が述定したように「言語は言語についての言語である」(「形式化の諸問題」『隠喩としての建築』講談社)。言語体系は自己参照的な閉じたシステムなのだ。

†終わりなき正理の探究

しかしながら、言語が知覚とまったく無関係というわけでもない。知覚による刺戟が言語の分節化を喚起する切っ掛けになり得るし、そもそも私達は往々にして言語的分別を直接知覚と錯視している。言語は知覚の領域に食い込んでいる。

だが、第四章で概見した山口瑞鳳の仏教的時間論でも示唆されているように、直接的な純粋知覚と言語的分別のあいだには大きなズレがある。仏教論理学の学匠、ディグナーガやダルマキールティは「直接知覚は分別を離れている」と主張した。分別とは言語の分節化、事物の概念化に他ならないから、その限りにおいては理解できる。言語は自己言及的で自己完結的な虚構の体系なのである。だが、無分別の直接知覚の方も固定的ではないが実体でもあり得ず、言語とは質の異なる虚構である可能性を忘れてはならない。

知的世界の生産は大部分が言語を介して実現する。言葉によって目もあやなタペストリーを織り成し、言葉によって仰ぎみるような大伽藍を建築する。

言語に対して批判的な知識人であっても、ややもするとその厄介な性質を忘れ、いつの間にか言葉に捕らわれ、言葉に縛られ、やがて言語に過ぎない概念的思惟を実体と錯視する罠に嵌ってしまう。仏教史すらその例外ではなかった。木村泰賢や和辻哲郎もその罠から逃れられなかったのである。

人は「アーラヤを好み、アーラヤを楽しみ、アーラヤを喜ぶ」。かくも縁起の理は「体現」し難い。

本書第一章前半に「『縁起とは何か』をめぐって交わされた論争が仏教教理の歴史を駆動してきた、としても強ち的外れとはいえない」と書いた。だが、それは単なる討論、単なる討議に留まるものではなかった。ブッダの教説が大きく枉《ま》げられたり、正理《しょうり》を逸した解釈論が氾濫したり、仏説が衰退し地を掃おうとするとき、仏教徒は正道に復し、教えを再興するべくあえて争論に臨んだのである。一再ならず確認したごとく、仏教ではブッダが発見し説義した「真理」といえども常住ではない。その永遠性は保証されていない。危機的であり、可滅的である。だからこそ、仏教者は仏教における正理とは何かを、実存のすべてを賭けて探究し続けなければならないのだ。

大勢が無知に眩《くら》み、根本煩悩に負けて実体論、実在論に傾いでいく状況にあっても、信篤き仏教者は必ず正統の縁起説、無常論、無我説に立ち戻り、その立場から過てる趨勢を批正してきた。その絶えざる問い返し、問い質し、省察の反復が仏教を鍛え上げ、知的にも洗練させてきたのである。

後記

思えば縁起とは不思議なものである。仏教の核心的教義とされながら、その内容は確定しておらず、実に単純な原理を表しているかにみえながら、実に複雑玄妙な相様を映しているようでもある。

チベット仏教ゲルク派の創始者、ツォンカパの手になる「縁起讃」という一連の詩頌がある。根本裕史によれば「仏教の根幹である縁起説を説き明かしながら、それを初めて教えた最高の教師として仏陀を讃える作品」であり、「現在に至るまで、チベットの人々は『縁起讃』を通じて縁起と空の思想の基礎を学んでいる」という（根本『ツォンカパの思想と文学』平樂寺書店）。その第二偈にはこうある。

「世間の者達のあらん限りの
衰微の根源は無明である。
それを退けるための手段は
縁起を見ることであると説かれる」（前掲書）

ここでは縁の生起、即ち縁起の順観と縁の滅、即ち縁起の逆観が説かれている。本文で論じた「有情数縁起」が説示されているようにもみえる。

他方、第一四偈にはこう書かれている。

「他に依存しないものは空華も同然である
したがって、他に依存しないものは存在しない。
ものが本性に基づいて成立するならば、その成立が
因縁に依存するというのは矛盾している」(前掲書)

この詩偈では、すべての事象は例外なく縁起し、他に依存すると説かれている。「一切法因縁生の縁起」の説示といえよう。

ところが興味深いことに、第二四偈、二五偈には他の仏教徒への批判がみえる。

「無自性へと導く入口の中でも
最高のものである縁起という
まさにその名前によって自性に
とらわれてしまうならば今この人を」

「至高の聖者達が正しく歩む
他に匹敵するものがない桟橋へと

貴方がお喜びになるその素晴らしい道へと
いかなる方法で導けば良いのだろう」（前掲書）

この表現は、空性の観念化、空の実体視を度し難い錯誤と非難した「中論」におけるナーガールジュナの言容を思い起こさせる。根本は「縁起説を受け入れながら一切が無自性であることを理解しない仏教徒への非難の言葉」と解している。つまり諸事物が縁起するということは、諸事物が無自性であることに他ならぬはずなのに、「実在論の立場に立つ仏教徒は『諸事物が縁起するゆえに自性を有する』という考えにとらわれてしまう」のである（前掲書）。そのような者たちに付ける薬はない、とツォンカパは嘆じているのだ。

この一事からも窺知できるように、縁起説の歴史は、外道、つまり異なる宗教や思想との闘い以上に、仏教の内部に入り込み、根を張り、巣くった実在説、実体論との闘いの履歴という側面が濃い。

それほどに実体や実覚への志向性は人間にとって原本的であり、心の病巣を切開し、完全に取り除くことは困難を極める。その手術は即ち、生命進化への反逆を含意するからだ。だが、そのような反逆なしには人は苦から解放されることはない、とブッダは断じている。

本書はそうした仏教の絶えざる批判の伝統に連なるものであり、その対象は、日本の近代仏教学から現代の〝ポストモダン仏教〟に及ぶ。

なお実有や実体の観念、常住論や有我論を仏教に持ち込もうとする志向は衰えず、とくに現代思想や文芸評論の方面で、なお跋扈《ばっこ》している。例えば岡倉天心、南方熊楠、西田幾多郎、鈴木大拙、井筒俊彦などの〝哲学〟に仏教的な意義を読み込もうとする徒論が跡を絶たない。

いま、たまたま手にしている文芸誌の〝評論文〟には、梵我一如を徹底したヴェーダーンタ学派の不二一元論と仏教の如来蔵思想は等しい構造を持ち、それらはともに、インドにおいて古代から伝えられてきた共同遺産だと書かれてある。剰《あまつさ》え、大乗仏教の解脱は永遠の宇宙原理（ブラフマン）と合一するためのとば口に過ぎないなどという。

唖然として批判の言葉すら出てこない。ヒンドゥー教の正統哲学諸派と、大乗仏教の中観派や仏教論理学派の長い論争史から近年の「批判仏教」派による如来蔵思想批判まで、まるでなかったかのような言い振りである。思想のアクチュアリティを測候するのに適した、オウム真理教の教理問題にすら何の関心も寄せていない。おそらく知りもしないし、知りたくもないのであろう。

日本の「文壇」や「論壇」のかかる為体《ていたらく》に比べれば、外国の研究者は、専攻が仏教ではなくとも遥かに真摯であり、知的に誠実である。例えば歴史家のユヴァル・ノア・ハラリは、世界的ベストセラー『サピエンス全史』で仏教をこう評している。

「二五〇〇年にわたって、仏教は幸福の本質と根源について、体系的に研究してきた。科学界で仏教哲学とその瞑想の実践の双方に関心が高まっている理由もそこにある」

「幸福に対する生物学的な探究方法から得られた基本的見識を、仏教も受け容れている。すなわち、幸せは外の世界の出来事ではなく身体の内で起こっている過程に起因するという見識だ。だが仏教は、この共通の見識を出発点としながらも、まったく異なる結論に行き着く」

仏教は外の環境だけではなく、内なる自我の動きをも否定するのだ。

「私たちの感情は、海の波のように刻一刻と変化する、束の間の心の揺らぎにすぎない。五分前に喜びや人生の意義を感じていても、今はそうした感情は消え去り、悲しくなって意気消沈しているかもしれない」

「仏教によれば、苦しみの根源は苦痛の感情でも、悲しみの感情でもなければ、無意味さの感情でさえないという。むしろ苦しみの真の根源は、束の間の感情をこのように果てしなく、空しく求め続けることなのだ」

「幸福が外部の条件とは無関係であるという点については、ブッダも現代の生物学やニューエイジ運動と意見を同じくしていた。とはいえ、ブッダの洞察のうち、より重要性が高く、はるかに深遠なのは、真の幸福とは私たちの内なる感情とも無関係であるというものだ。事実、自分の感情に重きを置くほど、私たちはそうした感情をいっそう強く渇愛するようになり、苦しみも増す。ブッダが教え諭したのは、外部の成果の追求のみならず、内なる感情の追求をもやめることだった」(傍点引用者、『サピエンス全史』下巻　河出書房新社)

本文で論及したように、ハラリはホモ・サピエンスの繁栄の原因を特定した。それは言語という集団的、共同的な虚構を可能にする能力の獲得だった。言語はサピエンスの生存と繁殖と制覇に欠くべからざる機能を果たしたが、本質として共同的であり、現象としては仮現的であって、個を疎外し、個の苦を増幅させる性質を持っていた。

その言語を根柢から批判し、進んで、生(存)から価値を容赦なく剝ぎ取ったのが仏教だったのだ。

しかし知覚の習性、言語の慣習、そして本能的な生存欲求から人が自由になるのは並大抵のことではない。懶惰《らんだ》な者はすぐさま「アーラヤを好み、アーラヤを楽しみ、アーラヤを喜ぶ」。実覚に支配される。思考の領域を超えた思考の追究に倦《あぐ》み、言葉を否定するための言葉を探し当てられず、手摺なき省察に耐え切れなくなって、生存の意味や行為の根拠を短兵急に求めてしまう。

こうした悪見を打ち破り、仏説の正理を顕示することこそが仏教の伝統なのである。

＊

本文では十分に論及できなかったが、和辻哲郎の「二層の法」論は、ナーガールジュナの中観思想に照らしても疑点が際立つ。木村泰賢は和辻の初期仏教論に「中観系の考え方」との牽連性を認めたが、『仏教倫理思想史』の「竜樹の哲学」（第二篇第一章）を読む限り、相反する部分も少なくない。和辻のナーガールジュナ理解が精確なものかどうかはひとまず措き、仮にそれが正しいとしても、両者のあいだには齟齬が目立つ。

例えば和辻は「中論」第二章「観去来品」を解いて、「過ぎ行くこと」と「過ぎ行くもの」とは「互いに条件づけをし合う概念」であり、それぞれ「それ自身において存立するもの（an sich）ではあり得ない」ことが理証されているという（「第二篇第一章第二節　竜樹の弁証法」『仏教倫理思想史』『和辻哲郎全集　第十九巻』所収　岩波書店）。ところが『原始仏教の実践哲学』では、「過ぎ行くもの」と「過ぎ行くこと」の峻別が説かれ、しかも「過ぎ行くこと」は法であり、変滅せざる実体とされる（「実践哲学」第一章三節）。和辻が、どちらを仏教の根本趣意と捉えているのか、判然としない。

和辻の中観仏教観については未だ十分な批判がなされておらず、後考の課題である。

本書は近代仏教学上の論争を題材とした評説であるが、同時に日本近代思想史への批判的考察でもある。近代思想としての仏教（学）を主題とした書籍は数多《あまた》あれど、二度にわたる縁起論争が取り上げられることは滅多にない。まるで知の勝った論戦には思想史的な意義が認められないかのような処遇だ。そんな穴を埋めることが本書の目的の一つである。

最後に、現代における十二支縁起観について小考しておこう。本文にも記したようにこれを認識過程と捉える解釈が擡頭しつつある。「ウダーナ」等にみえるブッダの内観に回帰しているといえるかもしれない。さらに遡れば、ニカーヤ最古層のスッタニパータ第四章の「闘諍篇」にみえる認識生成機序モデルにその原型を見出せるだろう。

タイ上座部最高の学僧とされるポー・オー・パユットーに『仏法』という体系的テキストがある。この第一部第四章では十二支縁起が詳説されているが、三世両重説に基づく伝統的な解釈とともに、輪廻を前提としない解釈も示してある。伝統説が引用しているのと「同一の内容の仏語を解釈し直した」ものだという。約説してみよう。

(1)無明　あるがままを知り見ること（如実知見）がない。実相を覚知しない。世俗の教示に惑う。

(2)行　思考、意図。熟慮し、目指し、決意する。意思を行為として示すこと。偏向、慣れ、蓄積された心の様々な特性に従って進行する思考の過程。

(3)識　様々な所縁を認識すること。すなわち、見る、聞く、嗅ぐ、味わう、身体に感じ心の中にある所縁を知ることから、そのときの心の根底の状態に至るまで知ること。
（4）**名色**　人の認識の中の精神的なものと物質的なもの。
（5）**六処**　その様々な状況に一致して働くことに関係する処の状態。
（6）**触**　外の世間と知識の接合。
（7）**受**　快適な、気に入る、または苦、不快、または感じない、不苦不楽などの感覚。
（8）**渇愛**　楽受をもたらすものを欲求すること。苦受をもたらすものを避けること。
（9）**取**　好き嫌いといった受に固執し、その受を自分に結び付けるのに役立つ様々なものと生きる状態を手放さないこと。
（10）**有**　渇愛と取に応えるために表すすべての行為の過程（業有）と、自我、あるいはその行為の過程と、取に一致して何らかの形をとる自我（生有）のための生命の状態。
（11）**生**　その生きる状態の中にいるのかいないのか。あるかないか、そのようかそうでないか、という自我に自覚が生じること。
（12）**老死**　その生き方から自我が切断、逸脱、あるいは離脱するという思い、怯え。そこで、愁悲苦憂悩のすべての苦が生じる。
（パユットー『仏法　テーラワーダ仏教の叡智』より　サンガ）
これに再度解釈を施して、十二支縁起を言語の習得、習熟を主軸とした認識過程論として構成し直すと次のようになる。

【1】無明は二つの本能についての根源的無知である。一つは生来の、生物的、遺伝的な本能。もう一つの本能とは、生来の本能を増強する人に固有の無明で、言語によって自己と世界とを認識することを指す。言語慣習、言語表現は「第二の本能」となる。人間はこれら二つの本能が自分（アイデンティティ）や世間（ソシアリティ）という虚構を作り出していることを知らない。無知であるが故に、そうした虚構に執著し、盲目的生存欲を湧き立たせる。

この無知によって、人は行為への意志に駆り立てられる。この意志を行という。

【2】行によって識が生じる。行に突き動かされ、「分けて知る」行為が開始される。識とは事物を分別する作用のこと。これによって自己意識も世界認識も萌芽する。言語による分節化に向かう根源的欲動の生起。言語慣習の濫觴《らんしょう》。

【3】識によって名色が生じる。自己の分節化と外部世界の分節化が進み、それらは名と色、名称とその対象に分かたれる。名は、言語表現として内的に固定された諸事象のこと。色は言語によって分別され、対象化された諸事物のこと。

【4】名色によって六処が生じる。この六処とは眼・耳・鼻・舌・身・意の心身の認識器官および認識機能を指す。眼・耳・鼻・舌・身が感覚機能であり、意が意思作用である。

これらの器官の、部位としての識別もまた分別の所産であり、かつこれらによって心身の内外のデータが集められ、言語による分別が巧緻化していく。

【5】六処によって触が生じる。六つの認識器官が個別具体的な対象（色・声・香・味・触・法）に接触する。

【6】触によって受が生じる。接触した認識対象が容受され、仮構された主体にとって、諸事物の集積としての世界が「在り在り」と存することが認知される。

【7】受によって愛が生じる。「在り在り」と存在すると感受された諸事物に対し愛著が生じる。

【8】愛によって取が生じる。愛著はやがて取、即ち諸事象への盲目的な執著へと変わる。

【9】取によって有が生じる。自己を含む世界への執著から、いま自己がここに存在しているという感覚やずっと存在しなければならないという確信が生まれる。

【10】有によって生が生じる。「在り在り」とした自己の実存感は、あくなき生存への欲望、永生への冀求《ききゅう》を起動する。

【11】生によって老死が生じる。永生への欲求は老死への恐怖、不安、老死の苦を生じさせる。そこから憂い、悲しみ、苦患、失意、懊悩（愁悲苦憂悩）のあらゆる苦が派生する。

以上が認識過程論としての十二支縁起のラフスケッチだ。本文でも触れた、十二支縁起を「心理作用発展の経過」と想定する木村泰賢の提題を引き継ぐものといえる。ただなお理論的な整備が行き届いておらず、教証も十分ではない。やはり今後取り組むべき作業仮説として呈するに留めよう。

前著『ごまかさない仏教』（佐々木閑との共著、新潮社）の第一刷には、和辻哲郎が宇井伯寿とともに相依《そうえ》相待《そうたい》の縁起を唱えたという記述がみえる。これはいうまでもなく誤りであり、本文でも重ねて説いた通り、和辻は十二支縁起の各支分の関係を論理的な因果連接と解し、相互依存説を採らなかった。全面的な相依説を認めるに至ったのは宇井のみだ。単純な校正ミスであり、二刷以降は訂正してあるが、改めてここに謝意を表し、諸賢の注意を促しておく。

筑摩書房の石島裕之、アルタープレインの山下明良、舛屋有紀子の惜しみない助力に衷心より感謝する。

宮崎　哲弥

ちくま新書
1326

仏教論争《ぶっきょうろんそう》

――「縁起《えんぎ》」から本質《ほんしつ》を問《と》う

二〇一八年五月一〇日　第一刷発行
二〇一八年五月三〇日　第二刷発行

著　者　宮崎哲弥（みやざき・てつや）

発行者　山野浩一
発行所　株式会社　筑摩書房
東京都台東区蔵前二―五―三　郵便番号一一一―八七五五
振替〇〇一六〇―八―四一二三
装幀者　間村俊一
印刷・製本　株式会社　精興社

乱丁・落丁本の場合は、左記宛にご送付ください。
送料小社負担でお取り替えいたします。
ご注文・お問い合わせも左記へお願いいたします。
〒三三一―八五〇七　さいたま市北区櫛引町二―六〇四
筑摩書房サービスセンター　電話〇四八―六五一―〇〇五三

ISBN978-4-480-07134-7 C0215

ちくま新書

020 ウィトゲンシュタイン入門　永井均

天才哲学者が生涯を賭けて問いつづけた「語りえないもの」とは何か。写像・文法・言語ゲームと展開する特異な思想に迫り、哲学することの妙技と魅力を伝える。

200 レヴィナス入門　熊野純彦

フッサールとハイデガーに学びながらも、ユダヤの伝統を継承し独自の哲学を展開したレヴィナス。収容所体験から紡ぎだされた強靭で繊細な思考をたどる初の入門書。

533 マルクス入門　今村仁司

社会主義国家が崩壊し、マルクス主義が後退した今、マルクスを読みなおす意義は何か？　既存のマルクス像からはじめて自由になり、新しい可能性を見出す入門書。

545 哲学思考トレーニング　伊勢田哲治

哲学って素人には役立たず？　否、そこは使える知のツールの宝庫。屁理屈や権威にだまされず、筋の通った思考を自分の頭で一段ずつ積み上げてゆく技法を完全伝授！

695 哲学の誤読——入試現代文で哲学する！　入不二基義

哲学の文章を、答えを安易に求めるのではなく、思考の対話を重ねるように読み解いてみよう。入試問題の哲学文を「誤読」に着目しながら精読するユニークな入門書。

776 ドゥルーズ入門　檜垣立哉

没後十年以上を経てますます注視されるドゥルーズ。哲学史的な文脈と思想的変遷を踏まえ、その豊かなイマージュと論理を読む。来るべき思想の羅針盤となる一冊。

832 わかりやすいはわかりにくい？——臨床哲学講座　鷲田清一

人はなぜわかりやすい論理に流され、思い通りにゆかず苛立つのか——常識とは異なる角度から哲学的に物事を見る方法をレッスンし、自らの言葉で考える力を養う。

ちくま新書

901 ギリシア哲学入門 岩田靖夫

「いかに生きるべきか」という問題は一個人の幸福から「正義」への問いとなり、共同体＝国家像の検討へつながる。ギリシア哲学を通してこの根源的なテーマに迫る。

922 ミシェル・フーコー ――近代を裏から読む 重田園江

社会の隅々にまで浸透した「権力」の成り立ちを問い、常識的なものの見方に根底から揺さぶりをかけるフーコー。その思想の魅力と強靭さをとらえる革命的入門書！

944 分析哲学講義 青山拓央

現代哲学の全領域に浸透した「分析哲学」。言語のはたらきの分析を通じて世界の仕組みを解き明かすその手法は切れ味抜群だ。哲学史上の優れた議論を素材に説く！

967 功利主義入門 ――はじめての倫理学 児玉聡

「よりよい生き方のために常識やルールをきちんと考えなおす」技術としての倫理学において「功利主義」は最有力のツールである。自分で考える人のための入門書。

1103 反〈絆〉論 中島義道

東日本大震災後、列島中がなびいた〈絆〉という価値観。だがそこには暴力が潜んでいる？〈絆〉からの自由は認められないのか。哲学にしかできない領域で考える。

1119 近代政治哲学 ――自然・主権・行政 國分功一郎

今日の政治体制は、近代政治哲学が構想したものだ。ならば、その基本概念を検討することで、いまの民主主義体制が抱える欠点も把握できるはず！　渾身の書き下し。

1165 プラグマティズム入門 伊藤邦武

これからの世界を動かす思想として、いま最も注目されるプラグマティズム。アメリカにおけるその誕生から最新の研究動向まで、全貌を明らかにする入門書決定版。

764
日本人はなぜ「さようなら」と別れるのか
竹内整一
一般に、世界の別れ言葉は「神の身許によくあれかし」、「また会いましょう」、「お元気で」の三つだが、日本人にだけ「さようなら」がある。その精神史を探究する。

852
ポストモダンの共産主義
——はじめは悲劇として、二度めは笑劇として
スラヴォイ・ジジェク
栗原百代訳
9・11と金融崩壊でくり返された、グローバル危機という掛け声に騙されるな——闘う思想家が混迷の時代を分析、資本主義の虚妄を暴き、真の変革への可能性を問う。

910
現代文明論講義
——ニヒリズムをめぐる京大生との対話
佐伯啓思
殺人は悪か？　民主主義はなぜ機能しないのか？——ニヒリズムという病が生み出す現代社会に特有の難問について学生と討議する。思想と哲学がわかる入門講義。

946
日本思想史新論
——プラグマティズムからナショナリズムへ
中野剛志
日本には秘められた実学の系譜があった。『TPP亡国論』で話題の著者が、伊藤仁斎、荻生徂徠、会沢正志斎、福沢諭吉の思想に、日本の危機を克服する戦略を探る。

990
入門　朱子学と陽明学
小倉紀蔵
儒教を哲学化した朱子学と、それを継承しつつ克服しようとした陽明学。東アジアの思想空間を今も規定するその世界観の真実に迫る、全く新しいタイプの入門概説書。

1000
生権力の思想
——事件から読み解く現代社会の転換
大澤真幸
我々の生を取り巻く不可視の権力のメカニズムとはいかなるものか。ユダヤ人虐殺やオウム、宮崎勤の犯罪など象徴的事象から、現代における知の転換を読み解く。

1039
社会契約論
——ホッブズ、ヒューム、ルソー、ロールズ
重田園江
この社会の起源には何があったのか。ホッブズ、ヒューム、ルソー、ロールズの議論を精密かつ大胆に読みなおし、近代の中心的思想を今に蘇らせる清冽な入門書！

1182
カール・マルクス
——「資本主義」と闘った社会思想家
佐々木隆治
カール・マルクスの理論は、今なお社会変革の最強の武器であり続けている。最新の文献研究からマルクスの実像に迫ることで、その思想の核心を明らかにする。

1259
現代思想の名著30
仲正昌樹
近代的思考の限界を超えようとした現代思想。難解なものが多いそれらの名著を一気に30冊解説する。知っているつもりになっていたあの概念の奥深さにふれる。

1292
朝鮮思想全史
小倉紀蔵
なぜ朝鮮半島では思想が炎のように燃え上がるのか。古代から現代韓国・北朝鮮まで、さまざまに展開されてきた思想を霊性的視点で俯瞰する。初めての本格的通史。

1325
神道・儒教・仏教
——江戸思想史のなかの三教
森和也
江戸の思想を支配していた神道・儒教・仏教にこそ、現代人の思考の原風景がある。これら三教が交錯しつつ形作っていた豊かな思想の世界を丹念に読み解く野心作。

457
昭和史の決定的瞬間
坂野潤治
日中戦争は軍国主義の後ではなく、改革の途中で始まった。生活改善の要求は、なぜ反戦の意思と結びつかなかったのか。日本の運命を変えた二年間の真相を追う。

650
未完の明治維新
坂野潤治
明治維新は〈富国・強兵・立憲主義・議会論〉の四つの目標が交錯した「武士の革命」だった。それは、どう実現されたのだろうか。史料で読みとく明治維新の新たな実像。

698
仕事と日本人
武田晴人
なぜ残業するのか？　勤勉は人間の美徳なのか？　江戸時代から現代までの仕事のあり方を辿り、「近代的な」労働観を超える道を探る。「仕事」の日本史200年。